Les bouddhas naissent dans le feu

ÉRIC ROMMELUÈRE

Les bouddhas naissent dans le feu

ÉDITIONS DU SEUIL
27 rue Jacob, 75006 Paris

ISBN 978-2-02-091356-0

www.seuil.com

AVERTISSEMENT

Sauf mention particulière, toutes les citations originales sont traduites du chinois ou du japonais par l'auteur.

ABRÉVIATIONS UTILISÉES

DZZ *Dôgen zenji zenshû = Œuvres complètes du maître zen Dôgen*, éditées par Ôkubo Dôshû, 2 volumes, Tôkyô, Chikuma Shôbô, 1969-1970.

T *Taishô shinshû daizôkyô = Le Grand Canon bouddhique nouvellement compilé en l'ère Taishô*, Taishô issaikyô kankôkai, Tôkyô, 1924-1935, 85 volumes. Les références sont données dans l'ordre successif du volume, de l'ouvrage et de la pagination.

Z *Dainihon zokuzôkyô = Supplément au Canon bouddhique*, Zôkyô Shoin, Kyôto, 1905-1912, 750 volumes. Le numéro du volume est suivi de la pagination.

PRÉFACE

La parole vive

Le zen est l'expérience de l'inconnu. Et devant l'inconnu, le plus souvent, le langage défaille. Pourtant, il nous faut bien oser la parole, la creuser. Il ne s'agit pas simplement d'arranger des mots, de les combiner entre eux, que leur musicalité plaise au lecteur, que ses connaissances s'approfondissent, ou tout simplement qu'il en comprenne le sens. Non, l'enjeu est tout autre : comment puis-je réellement parler de l'éveil ? Ou mieux : comment puis-je laisser l'éveil me parler ? Me bouleverser jusqu'à me secouer de part en part. Oui, l'enjeu est là, ressentir jusqu'au tréfonds de soi comme l'éveil m'invite à m'éveiller.

S'éveiller

« L'éveil », en japonais *satori* : le mot a de la puissance. Serions-nous à ce point endormis qu'il faille nous réveiller ? En réalité, nous savons bien que nous avons parfois des manières d'endormis et d'autres fois comme des fulgurances d'éveillés. Si nous demeurions continuellement dans l'obscurité d'une caverne, aveuglés à force de ténèbres, qu'entendrions-nous du mot « clarté » ? Ce n'est pas tant l'égarement qui nous pèse mais l'entre-deux,

Au milieu de la nuit, le maître Zihu Lizong cria devant la salle des moines : « Il y a un brigand ! » Apeurée, toute la communauté s'enfuit en courant. Le maître gagna le cabinet arrière de la salle des moines, il en agrippa un et cria : « Préposé ! Je l'ai attrapé ! Je l'ai attrapé ! » Le moine dit : « Ce n'est pas moi ! » Le maître dit : « Ça va ! Simplement tu ne te permets pas de l'accepter. »

Recueil de la transmission de la lampe de l'ère Jingde[1]

cette oscillation perpétuelle entre nos élans et nos dépits, nos grandeurs morales et nos bassesses du quotidien. Tout bascule à chaque instant. Même dans la plus grande joie, nous pressentons déjà l'éphémère.

Alors quoi ? Faudrait-il enfin que nous arrivions à tout séparer, que rien ne se mélange plus, nos peines et nos délices, que nous soyons à jamais délivrés de nos contrariétés ? Impossible pourtant. Il n'existe pas deux plans incommensurables, d'un côté les défaillances, de l'autre l'absence de soucis. Dessous, derrière l'illusion, il n'y a rien, sinon encore de l'illusion. Notre réalité est bien là. La pratique du zen n'est pas un exercice de séparation mais de réconciliation : savoir accepter que nous sommes depuis toujours, et encore maintenant, de grands brigands. En nos âmes clivées, nous apprenons l'art d'accepter. S'éveiller ne consiste pas à se détacher de ses illusions, mais à les révéler. Le maître Eihei Dôgen (1200-1253), fondateur de la tradition du zen sôtô au Japon, écrivait d'une formule lapidaire : « Ceux qui éveillent grandement l'illusion sont des bouddhas, ceux qui s'illusionnent grandement sur l'éveil sont des êtres égarés. » (Dans son livret intitulé *Genjôkôan, L'Énigme en présence*[2].) L'art d'accepter et d'accueillir est subtil et délicat. Bien entendu, dans cet exercice, nous connaîtrons des ruptures intérieures et des sauts, des portes s'ouvriront, et c'est pourquoi on continuera ici à parler d'éveil. Pourtant, l'éveil ne ressemble *en rien* à ce que vous pourriez imaginer. Il ne sera jamais conforme à vos idées ou à vos attentes. Précisément, il rompt avec toutes les anticipations de l'éveil.

LE MAÎTRE JUZHI DU MONT JINHUA DANS LA PRÉFECTURE DE WU

Il vécut tout d'abord dans un ermitage. Une moniale du nom de Shiji vint jusqu'à son ermitage. Avec son chapeau sur la tête et son bâton en main, elle tourna trois fois autour du maître et lui dit : « Si tu sais parler, j'enlèverai mon chapeau. » Par trois fois, elle l'apostropha, mais à chaque fois le maître ne sut que répondre. Alors la moniale s'en alla. Le maître lui dit : « Il se fait tard, reste donc pour la nuit. » La moniale lui répondit : « Si tu sais parler, je resterai dormir. » Une fois encore, le maître ne sut que dire.

Après le départ de la moniale, il se lamenta : « J'ai beau vivre dans le corps d'un homme, je n'en ai pas la vitalité. » Il se demandait s'il ne devait pas abandonner son ermitage pour aller un peu partout s'enquérir, quand, cette nuit-là, le dieu de la montagne lui dit : « Tu n'as pas besoin de quitter cette montagne. Un grand bodhisattva *viendra sous peu, pour toi il enseignera la doctrine. » Dans les dix jours, effectivement, le maître Tianlong arriva à l'ermitage. Alors, le maître l'accueillit, le salua et lui raconta l'affaire en détail. Tianlong lui répondit en dressant un doigt. Immédiatement, le maître connut le grand éveil. À partir de ce moment-là, à chaque fois qu'un moine arrivait pour s'enquérir, le maître se contentait habituellement de lever un doigt sans autre explication.*

Il y avait un jeune garçon novice. Quelqu'un à l'extérieur l'interrogea : « Quel enseignement essentiel donne le maître ? » Le jeune garçon leva le doigt. Il s'en revint et rapporta l'histoire au maître qui, d'un coup de couteau, lui trancha le doigt. Le jeune garçon cria et partit en courant. Le maître le héla et le jeune garçon tourna la tête. À ce moment-là, le maître leva son doigt. Le jeune garçon comprit à la perfection.

Sur le point de mourir, le maître dit à la communauté des moines : « J'ai reçu le zen-d'un-doigt de Tianlong et je l'ai utilisé toute ma vie sans jamais l'épuiser. » Sur quoi, il s'éteignit.

Recueil de la transmission de la lampe de l'ère Jingde[3]

Savoir dire

Chaque génération doit relever le défi : comment rendre dicible l'expérience de l'inconnu, comment déverrouiller la porte pour autrui ? Naturellement pour chacun, une formule, une parole plus singulière résonnera plus que d'autres. Oh, ce n'est pas forcément une parole, d'ailleurs ! Pour dire, il n'est pas nécessaire de faire vibrer ses cordes vocales. Connaissez-vous l'histoire du maître zen Juzhi ? Juzhi – les Japonais prononcent Gutei – vivait il y a bien longtemps, dans la Chine ancienne, à la fin de la dynastie Tang (au IXe siècle de notre ère). Ce maître est resté fameux pour son doigt levé. À chaque fois que quelqu'un l'interrogeait, il se contentait de lever un doigt en guise de réponse. Simplement. Uniquement. Encore et encore. Quelle que soit la question, un seul geste.

Il y avait bien un pourquoi. Une fois, le maître Tianlong s'était rendu dans l'ermitage où Juzhi vivait alors en solitaire. Ce « Dragon céleste » (Tianlong) était l'héritier des maîtres les plus féroces de la Chine, ceux que l'on appelait la « Tête de Cheval » (Mazu, 709-788) et la « Grande Prune » (Damei, 752-839). Juzhi l'avait accueilli et salué selon les règles d'usage. Immédiatement, Tianlong leva son doigt. Sans le savoir, ce geste était la réponse qu'attendait Juzhi : il le transperça. Toute sa vie durant, il se contenta de redire cette parole d'éveil dans le secret espoir qu'un autre comprenne à son tour. Le *Jingde chuandeng lu (Recueil de la transmission de la lampe de l'ère Jingde)*, la grande anthologie des vies des maîtres zen rédigée au tout début du XIe siècle (et officiellement publiée en l'an 1011), condense en quelques lignes sa biographie (p. 14).

Malgré un texte elliptique à la façon des textes chinois, on entrevoit l'allure âpre et énigmatique de Juzhi qui, jusqu'à son dernier souffle, restait bouleversé par le doigt levé de Tianlong. Son zen-d'un-doigt devait sûrement laisser interloqués tous ceux qui s'approchaient de lui. Pourtant, ce doigt levé témoignait d'un « savoir-dire », *dôtoku*, un mot clé de la tradition zen, celui-là même qu'emploie la moniale Shiji en apostrophant Juzhi.

En cette fin d'après-midi, Shiji rejoint son ermitage rustique. Elle porte le traditionnel chapeau de bambou des bonzes. Dans sa main, le grand bâton de bois orné à son extrémité supérieure d'anneaux en métal qui s'entrechoquent et tintent en marchant. Mais plutôt que de se débarrasser de son équipement de voyage, de faire les salutations d'usage, et d'entrer dans l'ordinaire de la conversation, elle n'a de cesse d'éprouver la parole de Juzhi, jusqu'à lui donner le tournis. « Peux-tu le dire ? Sais-tu le dire ? » répète-t-elle. Une fois, deux fois, trois fois, elle tourne autour de lui avec son chapeau et son bâton. La triple circumambulation est un rituel d'origine indienne qui servait à honorer les bouddhas. Juzhi sera-t-il à la hauteur des éveillés ? Mais voilà, il ne sait que dire et la moniale disparaît à la nuit tombée, le plongeant dans les affres intérieures. Il a le corps mais non point la vitalité (le *qi* en chinois) d'un homme ! La quête du savoir-dire commanderait en effet qu'il se mette en marche. Heureusement, le savoir-dire viendra à lui sous la forme d'un doigt levé. Le geste le terrassera, jusqu'à provoquer cet immense bouleversement intérieur, le « grand éveil », *daigo.* Il est grand car l'immédiateté de l'expérience submerge tout.

Dès lors, comment pouvait-il parler ? À chaque fois qu'il levait son doigt, Juzhi tentait d'entrouvrir à son tour la porte. Mais tous ne voyaient qu'un étrange doigt levé dans la nuit obscure. Comment préserver la force initiale de la diction ? Un jeune garçon était entré comme novice chez Juzhi. Allant une fois en dehors du monastère, il s'était vu interrogé sur l'enseignement de son maître. Évidemment, le garçon avait levé le doigt. Mais répéter le geste n'était pas nécessairement le comprendre et Juzhi n'avait pas hésité à trancher le doigt qui ne savait rien dire. Cet acte singulier est resté célèbre et a interrogé des générations d'hommes du zen (d'autant que la violence n'est pas de mise dans la tradition des éveillés).

Les paroles zen sont toujours forgées au creuset de l'expérience. Comme ce doigt levé, elles déroutent souvent. Il s'agit de paroles radicales dites, oui, pour déjouer les attentes, déloger les quant-à-soi à la manière du couteau tranchant de Juzhi. En réalité, qui était ce Juzhi ? Un bougre étrange ou une figure d'éveillé ? Sa courte biographie se dérobe à toute explication satisfaisante, comme d'ailleurs la plupart de ces vies étonnantes rassemblées dans ce *Recueil de la lampe.* Qu'éclaire-t-elle ? Non la vérité biographique, le plus souvent délaissée, mais la folie de l'éveil, un éveil qui ne peut être présenté au lecteur que sous la forme d'un radical absolu. L'histoire de ces moines a besoin de s'exposer, de se dévoiler au risque de la démesure. Car l'éveil est une mesure trop étroite, trop attendue, trop opposée encore à l'égarement. L'hyperbole est nécessaire. Il faut toujours savoir aller plus loin. Dépasser. Creuser sans cesse le savoir-dire, par-delà l'éveil lui-même. « Il y a encore ceux qui réalisent l'éveil au-delà de l'éveil et ceux qui s'illusionnent au sein des illusions », ajoute Dôgen *(L'Énigme en présence*[4]*)*.

Se dépouiller du corps et de l'esprit

Eihei Dôgen appartient, lui, à l'histoire. Les détails de sa vie nous sont connus, son œuvre nous est parvenue, d'ailleurs lui-même prit soin de rassembler et de corriger ses nombreux écrits. Cette même aspiration au savoir-dire parcourt et irrigue toute son œuvre (il a d'ailleurs laissé un livret intitulé justement *Dôtoku*, *Le Savoir-dire*[5]). Issu de la haute aristocratie japonaise, Dôgen avait reçu l'éducation d'un lettré. Mais s'il savait jouer de la lettre, ce n'était que pour mieux la triturer et en faire jaillir ce nécessaire dire.

Dôgen revient inlassablement sur une expression, en japonais *shinjin datsuraku*, qui sera son doigt levé pour les générations futures. Il la médite au fil de ses enseignements, la dépliant de mille manières, la laissant entendre comme l'expérience fondatrice de sa vie et finalement comme l'expérience ultime du zen. L'expression résiste à une traduction pleinement satisfaisante. Pourtant, mot à mot, les termes se comprennent aisément : *shin* signifie « le corps » ; *shin* (prononcé ici *jin* en composition),

« l'esprit » ; *datsu*, « dépouiller », comme lorsqu'on dépouille la peau d'un animal, ou bien « enlever », comme lorsqu'on enlève ses vêtements ; *raku*, « tomber », comme tombent les feuilles en automne, ou encore « disparaître », comme disparaissent les étoiles pâlissant au petit matin. En composition, *shinjin* signifie plus que la simple addition du corps et de l'esprit, le terme désigne l'expérience charnelle d'être soi, un individu constitué tout autant de ses attentes que de ses représentations ; *datsuraku*, c'est « abandonner, lâcher ». Quelque chose lâche. Quoi ? *Shinjin datsuraku*, qu'on pourrait simplement traduire par « le délaissement de l'ego », bien qu'on s'en tienne généralement à la littéralité, « se dépouiller du corps et de l'esprit », même s'il n'est pas sûr que nos oreilles occidentales entendent bien l'expression ainsi traduite.

> *C'est le premier du cinquième mois de la première année* kinoto-tori *de l'ère Baoqing* [1225] *sous les Grands Song, que, pour la première fois, je me prosternai et que je rencontrai face à face mon défunt maître, l'ancien bouddha de Tiantong. Et je fus un tant soit peu admis dans sa chambre. M'étant quelque peu dépouillé du corps et de l'esprit, j'ai pu préserver cette transmission face à face et l'initier au Japon.*
>
> *La Transmission face à face* [6]

Ce passage figure dans un livret intitulé *Menju*, *La Transmission face à face* (1243), que Dôgen a inclus dans sa grande somme inachevée, le *Shôbôgenzô*, *Le Trésor de l'œil de la vraie loi.* À plusieurs reprises, Dôgen attribue l'expression *shinjin datsuraku* à son maître chinois Tiantong Rujing (1163-1228). Cette première année de l'ère

LE CINQUANTE ET UNIÈME PATRIARCHE,
LE MAÎTRE EIHEI DÔGEN

Il étudia auprès du maître Rujing de Tiantong. Un jour, Jing s'adressa à la communauté des moines lors de la première méditation matinale et leur dit : « Expérimenter le zen consiste à se dépouiller du corps et de l'esprit. » En entendant cela, le maître réalisa abruptement le grand éveil. Il monta immédiatement dans les appartements de l'abbé y faire brûler de l'encens. Jing lui demanda : « Pourquoi brûler de l'encens ? » Le maître dit : « Le corps et l'esprit se sont dépouillés. » Jing dit : « Le corps et l'esprit sont dépouillés, dépouillés sont le corps et l'esprit. » Le maître dit : « Il s'agit là d'une maîtrise passagère, ne me certifiez pas à la légère. » Jing dit : « Je ne le fais pas. » Le maître dit : « Qu'est-ce qui n'est pas certifié à la légère ? » Jing dit : « Dépouillés sont le corps et l'esprit. » Le maître fit les salutations. Jing dit : « Le dépouillement se dépouille. » À ce moment-là, l'assistant Guangping, qui était de la province de Fu, dit : « Un étranger qui a réalisé un tel état, en vérité, voilà qui est loin d'être ordinaire. » Jing dit : « Combien de fois ai-je ici donné du poing ? Se dépouiller est d'un calme et pourtant cela tient d'un roulement de tonnerre. »

Keizan, *Recueil de la transmission de la lumière*[7]

Baoqing, l'année 1225 du calendrier occidental, le jeune Japonais a tout juste vingt-cinq ans. Deux ans plus tôt, il avait traversé la mer pour étudier le zen dans les grands monastères de la Chine orientale. Il en était à préparer son retour lorsqu'il entendit parler d'un vieux maître au tempérament intransigeant répondant au nom de Rujing. Ce dernier venait de prendre la direction du temple de Jingdezi sur le mont Tiantong. Dôgen connaissait bien ce temple imposant pour y avoir déjà longuement séjourné dans les premiers mois de son périple chinois. Il s'y rendit donc à nouveau et pratiqua ardemment sous la férule du vieux maître. Un matin, alors que les moines étaient déjà assis dans la salle de méditation, Rujing entra et s'aperçut que la plupart d'entre eux somnolaient. Il les admonesta soudain d'une parole vive : « Expérimenter le zen consiste à se dépouiller du corps et de l'esprit. À quoi bon dormir ? » La phrase claqua, submergea Dôgen et la porte de l'éveil s'ouvrit largement. Les textes de l'école sôtô le répètent à l'envi : « Et abruptement, il réalisa le grand éveil. » Nul ne sait si la phrase fut bien dite en ces termes, à ce moment-là. Elle n'est pas directement rapportée par Dôgen lui-même mais par ses successeurs immédiats, notamment Keizan (1268-1325) dans son *Recueil de la transmission de la lumière*, en japonais *Denkôroku*.

Oh ! Dites-vous bien que l'expression est restée énigmatique pour les Japonais eux-mêmes. Elle est pourtant fort suggestive : en chinois, les mots, loin d'être abstraits, renvoient à des sensations concrètes, éprouvées, chacun a déjà vu les feuilles jaunir et tomber en automne, chacun sait ce que signifie enlever ses vêtements et se mettre nu. Et pourtant, la raison peine, il y a plus qu'un mystère, à peine évoque-t-on « le dépouillement » – *datsuraku* – que l'imagination vacille avec ce « corps-esprit » – *shinjin.* Peut-on penser expérimenter ce genre d'énigme ? Pourtant, par ses insistances, ses méditations réitérées sur ce dépouillement du corps et de l'esprit, Dôgen nous adresse un défi. Quel est donc ce savoir-questionner jeté en pâture aux étudiants du zen ?

La parole vive

Sans cesse, nous parlons aux autres, nous nous parlons à nous-mêmes aussi. À mesure que les mots s'ordonnent en nous, la pensée s'ordonne et c'est le monde entier qui se montre ordonné. Il nous faut des mots comme le haut et le bas, l'ici et l'ailleurs, hier et demain, toi et moi. Il nous faut des mots pour respirer, imaginer et tout simplement pour vivre. Tous ces mots, nous les répétons machinalement, comme si de rien n'était, comme si tout allait naturellement de soi. Que les sillons soient heureux ou malheureux, l'ordonnancement du monde paraît définitivement tracé.

Et puis, parfois – au détour d'une page, d'une conversation –, surgit la phrase inopinée, le prodige à jamais inespéré, le mot qui claque et vous ébranle de la tête aux pieds. Dans la multitude des mots entendus, ressassés, sus, connus, un simple mot si totalement nouveau déverrouille une porte dont nous ne soupçonnions même pas l'existence. La porte, la serrure, la clé : tout est donné dans le même jaillissement ! Une parole peut avoir la force de l'éclair qui aveugle, la puissance du coup de tonnerre qui assourdit. Il suffit d'un seul mot pour métamorphoser tous les espaces dans lesquels nous cheminions jusqu'alors. Ce mot nous fait toucher du doigt autre chose qu'une simple abstraction. En un instant, il prend de l'épaisseur, nous absorbe jusqu'à faire résonner une à une toutes nos cellules. Chacun a déjà fait ce genre d'expérience, plus ou moins forte, plus ou moins saisissante. Et cette éruption de la parole garde pour toujours son pouvoir vivifiant. Elle irrigue encore l'instant présent. Et voilà bien où le zen veut en venir avec son savoir-dire, *dôtoku.* L'intention : trouver le mot qui nous transpercera de part en part. Mais il faut savoir viser juste.

> *Le maître Longshan, de la préfecture de Tan, demanda à un moine : « D'où viens-tu ? » Le moine répondit : « De chez un vieux maître. » Le maître dit : « Et qu'est-ce qu'il dit, le vieux maître ? » Le moine dit : « Quand il parle, des milliers de phrases. Quand il se tait, pas le moindre mot. » Le maître dit : « Dans ce cas, la mouche néglige ses œufs. » Ce moine s'inclina. Le maître alors le battit.*
>
> *Recueil de la transmission de la lampe de l'ère Jingde*[8]

Dans la tradition zen, le doigt de Tianlong, le doigt de Juzhi, le dépouillement du corps et de l'esprit de Dôgen sont autant de « paroles vives », *kakku.* Car ces actes de parole ont eu le pouvoir de convertir à la vie, de faire éclater en pièces l'ordonnancement du monde. Les histoires zen paraissent bien extravagantes, mais en vérité tous ces moines traquaient inlassablement la parole vive. Celle qui transcende la parole ordinaire

Le maître de méditation Nanyue Huairang, de son nom de famille Du, était originaire de la préfecture de Jin. À l'âge de quinze ans, il se rendit au temple Yuquan dans la préfecture de Jing. Ce fut avec le maître de discipline Hongjing qu'il renonça au monde. Après son ordination plénière, il étudia la corbeille du vinaya. *Un jour, il soupira en lui-même : « Celui qui renonce au monde relève de l'inconditionné ! » Alors, son condisciple Tanran, qui savait comme son aspiration était élevée, lui conseilla d'aller solliciter une entrevue auprès du maître An du mont Song. An l'instruisit. Et sans tarder, il se rendit à Caoqi voir le sixième patriarche. Le patriarche lui demanda : « D'où viens-tu ? » Il répondit : « Du mont Song. » Le patriarche dit : « Qu'est-ce qui vient ainsi ? » Il répondit : « Si on explique quelque chose, on le rate. »*

Recueil de la transmission de la lampe de l'ère Jingde [9]

(« des milliers de phrases ») comme l'absence de parole (« pas le moindre mot »). Le zen est bien affaire de savoir-faire comme de savoir-dire. Les maîtres zen raffolent de tours de main comme de tours de parole – « des paroles qui retournent », *ittengo*, dans le vocabulaire des hommes du zen.

Les Chinois prirent l'habitude de compiler ces dialogues, les circonstances, comment tel ou tel maître avait entendu une parole vivante et s'était éveillé à la vie. Tous ces recueils forment la littérature du zen. Et pourtant, si nous les lisons, ces phrases restent le plus souvent comme des paroles mortes, les vestiges d'un passé inaccessible. Elles ne touchent que notre intellect et nous restons à la surface des mots. Malheureusement, il n'existe pas de catalogue de paroles vivantes dont la lecture incandescente nous renverserait à tous les coups. Pourtant, il suffit toujours d'un mot. Et l'on écrit, on répète sans cesse ces histoires, dans l'espoir qu'elles touchent encore au moins une fois. Pour nous, Juzhi lève toujours son doigt.

On retrouve chez tous ces maîtres de la Chine, du Japon et d'ailleurs (n'oublions pas que le zen est aussi coréen et vietnamien) cette volonté inébranlable de dire, que ce soit par des gestes, des mots, des expressions, des proverbes aussi. La transmission est à ce prix. Mais il ne faut jamais trop dire, sinon la parole peut défaillir. « Si on explique quelque chose, on le rate », en japonais *ichimotsu o setsuji suru ni sunawachi atarazu*. La phrase est devenue proverbiale. Telle fut la réplique de Nanyue Huairang lorsqu'il se rendit au lieu

Comme Jiashan et Dingshan faisaient des phrases, Dingshan dit : « S'il n'y a pas de bouddha dans le samsâra*, ce n'est pas* le samsâra. *» Jiashan lui répondit : « S'il y a un bouddha dans le* samsâra*, il ne s'égare pas dans le* samsâra. *» Les deux gravirent la montagne et vinrent saluer Damei. Alors, Jiashan présenta l'affaire et demanda au maître : « Nous nous demandons, de nos deux points de vue, lequel s'approche un tant soit peu ? » Le maître dit : « L'un est proche, l'autre est éloigné. » Jiashan dit : « Qui est proche ? » Le maître dit : « Va-t'en pour l'instant et reviens demain. » Le lendemain, Jiashan revint et questionna le maître. Le maître répondit : « Celui qui est proche ne demande pas. Celui qui demande est éloigné. »*

Recueil de la transmission de la lampe de l'ère Jingde [10] dit « La rivière Cao » (Caoqi) où demeurait le sixième patriarche du zen, le grand Huineng.

Les cas

Comment traverser le gué de la rivière Cao sans se noyer ? Il s'agit pour chacun de se tenir à la fine pointe du langage, là où les mots s'approchent au plus près de l'indicible. Parfois, cette recherche langagière vire au divertissement. Pourtant, même dans ces jeux verbaux que l'on découvre ici ou là dans les textes chinois demeure envers et contre tout une question essentielle : comment *s'approcher* au plus près de la vérité ?

Jiashan et Dingshan étaient deux maîtres zen de la Chine des Tang. Une fois, tous les deux faisaient des enchaînements de phrase, l'un donnait une sentence et puis l'autre devait rebondir. Dingshan proposa : « S'il n'y a pas de bouddha (d'éveillé) dans le *samsâra* (le monde des illusions), ce n'est pas le *samsâra.* » À quoi Jiashan répondit en reprenant la même structure : « S'il y a un bouddha dans le *samsâra*, il ne s'égare pas dans le *samsâra.* » Comme ils n'arrivaient pas à décider du gagnant, ils se rendirent auprès de Damei, la « Grande Prune », un autre maître de l'époque, lui demandant de les départager. « Qui est le plus proche ? » insistait Jiashan. Damei répondit : « Celui qui est proche ne demande pas. Celui qui demande est éloigné. » Les annales rapportent que Jiashan eut une réflexion sur sa défaite d'alors. Il dit : « Cette fois-là, j'y ai laissé mes deux yeux. »

Tous ces dialogues piquants, toutes ces manières d'éveillés forment la littérature des *kôan*, un terme que l'on pourrait traduire par « cas ». Les moines chinois compilaient les dits et les entretiens de leurs maîtres ou des maîtres d'antan, ils sélectionnaient également des extraits, ces fameux *kôan*, sous la forme d'anthologies qu'ils agrémentaient le plus souvent de commentaires et de poèmes. Le terme de *kôan*, *gongan* en chinois, est emprunté au vocabulaire juridique. Il désignait les décisions officielles des bureaux gouvernementaux qui faisaient force de loi. Les moines considéraient ces dialogues comme des expressions de l'éveil qui renouvelaient, à leur façon, la parole bouddhique. Ils devaient nécessairement faire autorité pour les générations suivantes. Sans doute parce que ces manières de s'exprimer convenaient plus à l'âme chinoise, ces recueils de propos devinrent les livres essentiels de l'école. Ceux que l'on lisait, que l'on étudiait et que l'on commentait.

Savoir écrire

La parole n'est pas juste une affaire de gestes, de sentences lancées à la cantonade, mais également de textes longuement ciselés et polis. La Chine est le pays des lettrés. Comment révéler les chatoiements de la vie éveillée ? Les hommes du zen se sont accomplis par l'écriture, le plus souvent la poésie. Les Chinois ne s'encombrent guère d'explications précises, de propos philosophiques, ils préfèrent l'image ou l'allusif, plus à même de laisser percer la parole vive. De cette immense littérature (encore largement ignorée en Occident faute peut-être de traducteurs audacieux qui prendraient à bras-le-corps ce jaillissement de la parole), des expressions émergent, des proverbes même, sortes de thèmes autour desquels chaque maître compose, varie, revient. Ils proviennent de textes bouddhistes indiens, ou bien ont été forgés par quelques maîtres célèbres de la Chine.

J'ai voulu présenter ici quelques-unes de ces expressions traditionnelles, des *kôan*, des proverbes, des mots clés de cette tradition aussi. Bien entendu, il ne s'agit que d'une sélection, tant les déclinaisons de l'éveil sont multiples et la littérature zen quasi infinie : le seul *Recueil de la transmission de la lampe de l'ère Jingde*, un célèbre *digest* des vies et dits de plus de 1 700 maîtres zen, publié en l'an 1011, couvrirait près de 800 pages s'il devait être intégralement traduit dans une langue occidentale. Et puis chaque école, chaque lignée fait aussi ses propres choix, épurant une à une les histoires, les dits, les phrases, jusqu'à ne retenir que quelques paroles essentielles. S'inscrire dans une lignée zen, c'est aussi se remémorer quelques mots plutôt que d'autres, comme ce *shinjin datsuraku*, marque de fabrique de Dôgen, devenu le leitmotiv de l'école sôtô japonaise qui lui a succédé.

Plutôt que de donner un abécédaire de ces expressions zen, j'ai préféré laisser ma pensée *surfer*, passant presque de l'une à l'autre, comme des liens hypertextes. Car finalement toutes ces expressions se renvoient les unes aux autres, formant une constellation autour de l'expérience centrale du délaissement, de la nudité, de la pureté, celle du *shinjin datsuraku*. Ce livre n'a donc pas vraiment de début ni de fin, chacun peut le commencer et le terminer n'importe où, même s'il est toujours plus aisé de débuter par cette préface et de continuer page après page, mais que le lecteur se sente libre de baguenauder. Le zen, au fond, n'aime pas trop les sentiers battus. Seuls les index, à la fin, permettront de satisfaire l'envie ordonnée de l'éditeur.

Le lecteur devra également accepter les contradictions qui émaillent ce livre. On attend d'un auteur qu'il délivre une pensée logique, systématique qui, finalement, aurait résolu toutes ses contradictions internes. Mais le zen n'est pas un système explicatif. La vie est contradiction. Au lieu d'être résolues, pourquoi les contradictions ne seraient-elles pas plutôt maintenues ?

Éric ROMMELUÈRE
Novembre 2006

CHAPITRE I

Vous devez écrire le caractère «grand»

Vous devez écrire le caractère « grand »

> *Vous devez écrire le caractère « grand », vous devez comprendre le caractère « grand », vous devez étudier le caractère « grand ». Si le cuisinier du mont Jia n'avait pas étudié le caractère « grand », il n'aurait pu sauver le grand Yuan d'*un *éclat de rire irrépressible. Si le maître de méditation le grand Gui n'avait pas écrit le caractère « grand », il n'aurait pu souffler* trois *fois en prenant* une *brindille de bois de chauffage. Si le maître Dongshan n'avait pas compris le caractère « grand », il n'aurait pas instruit* un *moine avec ses* trois *livres de lin. Sachez que ces grands amis de bien ont étudié le caractère « grand » dans la multitude du monde. Et maintenant, en toute liberté, ils donnent de la grande voix, ils enseignent le grand principe, ils pénètrent la grande affaire, ils guident le grand homme. Ce sont eux qui font mûrir cette unique grande œuvre.*
>
> Dôgen, *Instructions au cuisinier*[11]

Au printemps de la troisième année de l'ère Katei (1237), Dôgen rédige en chinois un opuscule qu'il intitule sobrement *Instructions au cuisinier* (*Tenzo kyôkun* en lecture japonaise). Il l'écrit, conclut-il, « pour les hommes de qualité qui étudieront un jour la voie ». Quelques années auparavant, le moine avait fondé non loin de

Kyôto, la capitale impériale, le tout premier monastère zen du Japon où il initiait ses disciples aux règles disciplinaires du zen chinois jusqu'alors inconnues. Le *tenzo* est l'un des administrateurs en charge de la cuisine. Dans la rédaction de ce livret, Dôgen se veut à la fois didactique – quel est le rôle d'un cuisinier dans un temple zen ? – et pratique – comment préparer les aliments ? Le texte se clôt par un long passage sur les qualités qui devraient être présentes dans l'œuvre de cuisiner. Il explique tout d'abord l'allégresse, *kishin*, puis la gentillesse, *rôshin*, enfin la largesse, *daishin*. Ces trois dispositions sont commentées une à une comme des qualités de la vie éveillée. Et dans le dernier passage consacré à la largesse (*dai*, « grand », *shin*, « condition mentale », on pourrait également traduire par « grandeur »), Dôgen propose aux hommes de qualité cette belle méditation sur le caractère chinois « grand ».

Une telle proposition n'a rien de surprenant. De sa plume élégante, le sinologue Marcel Granet (1884-1940) résumait le rapport singulier des Chinois à leur propre langue de la manière suivante : *« Ils désirent que, dans tous les éléments du langage : vocables et graphies, rythmes et sentences, éclate l'efficience propre aux* emblèmes. *Ils veulent qu'écrite ou parlée l'expression* figure *la pensée et que cette figuration concrète impose le sentiment qu'exprimer ou plutôt figurer ce n'est point simplement évoquer, mais susciter, mais réaliser. »*[12] Les caractères, qu'ils soient simples ou complexes, ne peuvent s'écrire, se comprendre ou s'étudier sans *voir* l'image qui se donne à contempler dans l'agencement des traits. L'image peut même saturer le sens comme dans les caractères les plus simples d'origine pictographique : le sens est directement donné par l'image elle-même. La forme moderne des caractères, simplifiée et plus abstraite, telle qu'elle fut fixée voici deux millénaires sous les Han, invitait les Chinois non à se défaire de l'image, mais à explorer d'une autre manière la figuration de la pensée. L'abstraction pouvait même ouvrir de nouvelles perspectives, comme on le verra avec cette méditation sur le caractère « grand ».

Évidemment, écrire ne se résume pas à tracer des caractères. Le lettré compose des phrases. Bien écrire en chinois, même de la simple prose, ne peut être un simple alignement compréhensible de mots. Par un agencement délicat, le lettré les fait résonner entre eux. Mieux, l'art d'écrire doit témoigner d'une certaine façon de se tenir dans la vie. À travers la calligraphie, l'écriture s'unit naturellement à la peinture, l'homme (se) représente un moment du monde ; ou plutôt non, le terme demeure impropre, par trop occidental : préférons dire que, dans l'écriture, le Chinois cherche une correspondance. Il ne s'agit pas d'être fidèle (ce que serait une représentation descriptive et en définitive figée du monde), mais de concorder subtilement avec le *dao*, le cours naturel des choses, leur procès [13], à travers le choix des mots, leur articulation, leur rythme et leur figuration visuelle [14].

Traduire du chinois est une entreprise toujours quelque peu désespérée. L'Oriental voit toujours plus qu'il ne lit, car les mots s'animent sous ses yeux dans des réseaux de correspondances multiples, visuelles, allusives, savamment choisies par l'écrivain, qui se superposent à la lecture linéaire des caractères qui s'enchaînent. Le lecteur occidental, lui, ne voit pas plus qu'il ne lit. Dans ce passage extrait des *Instructions au cuisinier* où, à l'évidence, Dôgen parfait et polit son écriture, la répétition des ordinaux « un » et « trois » dans le texte original crée un effet. Elle interpelle le lecteur, d'autant que la langue chinoise ne marque guère le nombre, généralement compris par le contexte : écrire « *un* éclat de rire… *une* brindille… *un* moine », comme le fait Dôgen, est un signe adressé à l'homme de qualité, car les ordinaux sont de trop pour entendre simplement ici « un éclat de rire… une brindille… un moine ». Comment les rendre en français – sinon par un artifice typographique ?

L'écriture est également un art *manuel*, qui oblige par le travail de la pierre à encre, par le jeu du pinceau, par l'élaboration du trait, à éprouver charnellement la constitution du mot. Ce qu'il dit déjà en lui-même du procès du monde. Nous voici donc à frotter longuement la pierre, trouver la densité de l'encre, choisir le pinceau, le tremper délicatement dans l'encre noire et tracer le caractère « grand ».

Composé de trois traits seulement, le caractère « grand » 大 est l'un des plus simples et l'un des plus évocateurs de l'écriture chinoise. Le pictogramme original, moins épuré que la forme actuelle, représente un homme les jambes écartées et les bras ouverts légèrement inclinés vers le bas. La grandeur est rendue par cette image d'un corps qui s'étire largement et librement dans l'espace. Pour l'écrire, on trace tout d'abord un trait horizontal de la gauche vers la droite. Ce premier trait 一 représente le trait initial par excellence, celui par où tout commence, le plus simple, le plus parfait, celui qui veut justement dire en chinois « un, premier, simple, parfait ». Tracer le « un » dans l'espace vide est un acte de séparation, mais, dans le même mouvement qui barre la feuille, tous les opposés, le haut / le bas, le ciel / la terre, le *yin* / le *yang*, etc., se trouvent fondés et en même temps réunis par le « un ». Dans l'acte même de séparer, ils deviennent inséparables. Puis, sur le trait médian, on trace les deux traits qui composent le caractère de « l'homme » 人. L'homme participe ainsi du haut et du bas, du ciel et de la terre, du *yin* et du *yang*. L'ensemble forme le caractère « grand, noble ». La noblesse est celle d'un homme qui ouvre majestueusement les bras. L'homme noble n'est plus divisé mais unifié. À partir de l'unité, l'humanité peut tout embrasser.

Le véhicule unique

Dans ce passage sur la grandeur, Dôgen cite les gestes de trois hommes de la Chine des Tang, le cuisinier du mont Jia qui éveilla le doyen Fu, Guishan Lingyou et Dongshan Shouchu, pour exposer ce qu'est le zen, à savoir « l'unique grande œuvre », *ichidaiji*. L'expression est fameuse et provient du *Sûtra du Lotus*, l'un des textes essentiels de la littérature du Grand Véhicule, selon lequel les bouddhas n'apparaissent en ce monde que pour une seule et unique grande œuvre : ouvrir à la vie éveillée. Avec soin, Dôgen choisit les noms et les anecdotes afin d'accumuler en quelques lignes les occurrences des caractères « grand » 大, « un » 一 et « trois » 三. Il tord même à son profit la graphie du nom du maître

Le doyen Taiyuan Fu résidait au temple de Guangxiaozi dans la province de Yangzhou où il donnait des conférences sur le Sûtra du Nirvâna. *Un moine itinérant, qui se trouvait être le cuisinier du mont Jia, était bloqué au temple par la neige. Il s'en vint donc écouter sa conférence. Ses commentaires portaient sur la bouddhéité comme triple cause et sur le corps de la loi des trois attributs. Il dissertait en détail du sublime principe du corps de la loi, quand le cuisinier éclata inopinément de rire, ce qui attira l'attention de Fu. Une fois la conférence terminée, il fit inviter le pratiquant zen et lui demanda : « Mes connaissances ont toujours été limitées et j'interprète en me tenant à la lettre. Tout à l'heure, alors que je donnais la conférence, je vous ai vu rire. J'ai certainement eu quelque déficience. Veuillez me l'expliquer. » Le cuisinier répondit : « Si vous ne m'aviez rien demandé, je ne vous aurais rien dit, mais puisque vous me le demandez, je ne peux me taire. À vrai dire, j'ai ri que vous ne compreniez pas le corps de la loi. » Fu dit : « Où me suis-je trompé dans le commentaire ? » Le cuisinier dit : « Veuillez le redire à nouveau. » Fu répéta : « Le principe du corps de la loi ressemble à l'espace. Il pénètre à la verticale les trois divisions du passé, du présent et du futur, il s'étend à l'horizontale dans les dix directions. Il embrasse les huit points cardinaux, il contient les deux figures du* yin *et du* yang. *Il suit les circonstances et se dirige vers l'illusion sans que rien ne lui fasse défaut. » Le cuisinier dit : « On ne peut pas dire que votre exposé soit faux mais vous avez simplement appréhendé les contours du corps de la loi. En réalité, vous ne l'avez pas encore compris. » Fu dit : « S'il en est ainsi, pourriez-vous m'enseigner ? » Le cuisinier dit : « Dans ce cas, arrêtez pour le moment vos conférences, et pendant dix jours, dans une pièce tranquille, méditez comme il se doit, rassemblez le mental, abandonnez dans le même instant tous les objets, qu'ils soient bons ou mauvais. Allez par vous-même au cœur et voyez! » Fu se conforma simplement à ce qu'il avait dit, de la tombée de la nuit jusqu'à la cinquième veille. Et lorsqu'il entendit sonner le tambour et la corne, il s'éveilla d'un coup. Il s'en vint alors frapper à la porte du pratiquant zen. Le cuisinier dit : « Qui est-ce ? » Fu dit : « C'est moi. » Le cuisinier s'écria : « Je vous permets d'hériter du grand enseignement et de prêcher à la place du Bouddha. Pourquoi, en pleine nuit, vous allonger ivre au milieu du carrefour ? » Fu dit : « Jusqu'alors je commentais le* sûtra *et je tordais le nez de mes propres parents. Dorénavant, cela ne sera plus le cas. »*

Recueil de la falaise verte[15]

~

Comme le maître Baizhang était aux travaux avec Guishan, il lui demanda : « As-tu du feu ? » Guishan dit : « Oui. » Le maître dit : « Où ça ? » Guishan prit un morceau de bois, souffla deux ou trois fois dessus et le donna au maître. Le maître dit : « C'est comme du bois mangé par les vers. »

Recueil de la transmission de la lampe de l'ère Jingde[16]

~

Un moine demanda à Dongshan : « Qu'est-ce que le Bouddha ? » Shan répondit : « Trois livres de lin. »

Recueil de la falaise verte[17]

Taiyuan Fu 太原孚, l'écrivant le Grand Yuan 大原 (mais 太 est interchangeable avec 大, quasi identique dans sa graphie et dans son sens). On remarquera également la triple injonction d'écrire, de comprendre et d'étudier. S'il est difficile d'interpréter ces répétitions à l'évidence intentionnelles, il convient peut-être d'y voir, sous la plume de Dôgen, fidèle lecteur et adepte du *Sûtra du Lotus*, une allusion à la doctrine du « Véhicule unique », *ichijô*, développée dans le *sûtra*.

Pour tout bouddhiste chinois ou japonais, le seul mot de « grand » évoque d'emblée le Grand Véhicule, ce courant du bouddhisme apparu en Inde aux alentours du début de l'ère chrétienne et qui a ensuite rayonné par-delà l'Himalaya jusqu'en Extrême-Orient. Le Grand Véhicule a radicalisé toutes les primes audaces du bouddhisme ancien. Avec amour et tendresse, l'adepte du Grand Véhicule, le *bodhisattva*, en sanskrit « l'être d'éveil », conduit – véhicule – tous les êtres à la vie éveillée. Son chemin s'écarte résolument de toutes les voies qui entendraient renoncer à, ou même simplement transiger avec l'amour inconditionnel.

Les premiers textes de cette tradition évoquent une tripartition fondamentale, « les trois véhicules », *sanjô*, présentés comme trois degrés de l'enseignement du Bouddha. En l'occurrence, il s'agissait de montrer que ce nouvel enseignement accomplissait la doctrine ancienne sans pour autant l'abolir. Ces textes distinguaient ainsi le véhicule des auditeurs et le véhicule des bouddhas-par-soi qui empruntent un véhicule à « passager unique », les deux étant réunis sous l'appellation de « Petit Véhicule » (en sanskrit *hînayâna*, en japonais *shôjô*), et enfin ce « Grand Véhicule » (en sanskrit *mahâyâna*, en japonais *daijô*). Le Grand Véhicule critique une vision restrictive de la voie du Bouddha fondée sur le retrait, et plus fondamentalement sur une vision duelle qui opposerait la souffrance et l'absence de souffrance pour annoncer leur dépassement dans la vie même. Sans plus de séparation entre le saint et le profane, le véhicule se fait « grand » pour emmener tous les êtres[18].

Le *Sûtra du Lotus*, un ouvrage composé dans les premiers siècles de l'ère chrétienne, a connu une audience toute particulière en Chine puis au Japon. Plus radical que d'autres textes indiens, le *Lotus* affirme que cette division tripartite est un simple artifice qui sert au dévoilement du seul Grand Véhicule : il n'est pas troisième, mais tout simplement unique. L'enseignement des éveillés est un, dit le *sûtra*, mais de par son apparente extravagance, ceux-ci doivent le travestir et enseigner différentes doctrines selon les capacités d'écoute de chacun. Il s'agit de la dimension des « moyens habiles », *hôben* (parfois traduit en français par « expédient »). La tendresse des bouddhas et des *bodhisattva* les conduit non à professer des théories universelles toutes prêtes, mais, dans une écoute réelle, à donner à leurs interlocuteurs tout ce qui est à même de les faire grandir et de les embellir, selon leur capacité et leur propre identité. Les éveillés n'agissent pas en fonction de dogmes mais de situations. Toute leur habileté consiste finalement à révéler ce qui les anime au plus profond d'eux-mêmes, l'esprit vaste, et à permettre à chacun de toucher à son tour cet esprit.

La parabole de la maison en feu, la première du *Sûtra du Lotus*, sert ce propos. Un homme riche voit sa maison prendre feu et, pour inciter ses propres enfants à sortir alors qu'ils ne pensent qu'à s'amuser, il leur promet trois chars, le premier conduit par une chèvre, le deuxième par un cerf, le troisième par un bœuf. Les enfants, tout excités, s'échappent de la maison, mais, au-dehors, ils ne trouvent aucun des trois chars, seulement un magnifique char tiré par un bœuf blanc bien plus beau encore que dans les promesses paternelles. Avec allégresse, ils y prennent alors place. Et le Bouddha d'expliquer à Shâriputra, son disciple :

> *Çâriputra, de même que ce maître de maison a tout d'abord attiré et invité ses fils en invoquant trois chars, pour ne leur donner après qu'un grand char, orné de matières précieuses, de premier confort, et qu'il échappe ensuite au reproche d'extravagance, ainsi en va-t-il de l'Ainsi-Venu : il est exempt d'extravagance ; il prêche tout d'abord les trois véhicules pour attirer et inciter les êtres et ne leur donner ensuite que le Grand Véhicule pour les mener à la délivrance. Pourquoi cela ? L'Ainsi-Venu possède le trésor incalculable et infini des méthodes, des sagesses, des puissances, de l'assurance et est capable de donner à l'ensemble des êtres la Loi du Grand Véhicule, mais ceux-ci ne peuvent la recevoir intégralement. Çâriputra, il faut donc se rendre compte de ces circonstances : c'est à cause de la puissance des expédients des éveillés que ceux-ci divisent en trois dans leur prédication l'unique véhicule d'éveillé*[19].

Dôgen est l'héritier d'une longue tradition japonaise qui place le *Lotus* au pinacle des enseignements de l'Éveillé.

Plusieurs chapitres de son *Shôbôgenzô* lui sont d'ailleurs consacrés. Peut-être faut-il lire, dans ces phrases finement ciselées des *Instructions au cuisinier*, une réécriture originale de la métaphore : ce n'est que lorsque les trois traits du caractère « grand » sont tracés, qu'ils se résorbent dans leur singularité pour dévoiler ce caractère unique, le caractère « grand », affirmant ainsi, comme le proclame le *Lotus*, que le Grand Véhicule est Un ! Aucune assurance n'est donnée au lecteur, mais la place qu'occupe le *Lotus* dans l'œuvre de Dôgen, sa dévotion toute particulière à ce texte, incitent à une telle interprétation. Les hommes de qualité décideront.

La grandeur

Pour nous autres, hommes et femmes de peu, le pinceau suspendu en main, demeure la triple injonction d'écrire, d'étudier et de comprendre le caractère « grand ». En réalité, il s'agit d'un impératif qui traverse toute la pensée du Grand Véhicule, et Dôgen ne fait pas là œuvre novatrice. Cette tradition s'est déployée dans le temps et dans l'espace comme une méditation ininterrompue sur la grandeur, ce simple mot de « grand » faisant l'objet de nombreux commentaires. Dans son acception commune, on l'a vu, le Grand Véhicule désigne une doctrine et un mouvement, il s'agit du Véhicule des *bodhisattva*. Mais, pour en comprendre réellement la portée, il convient, disent tous ces textes, de dépasser cette première acception, trop superficielle encore, et d'exposer le sens profond du mot « grand ».

« Grand » n'est pas une simple qualification, il s'agit d'une vocation à vivre dans l'authenticité. Qui s'exerce au Grand Véhicule déploie simplement son cœur. La grandeur est un sentiment inépuisable tout à la fois de force, de confiance, de douceur et de bonté, de tendresse aussi. Adopter ce mot de « grand » est comme une manière de rassembler toutes ces attitudes sous un seul vocable. Il ne s'agit évidemment pas de simples attitudes intérieures mais de tous les gestes inouïs et résolus de l'amour. Le Grand Véhicule, en tant que corps doctrinal ou corpus de textes, n'invite qu'à sonder, éprouver, vivifier ce sentiment de grandeur. Il n'y a qu'à écrire, étudier et comprendre le caractère « grand », écrit Dôgen. On pourrait ajouter « réciter », car le mot sonne comme une sorte de charme extraordinaire, à même de consumer toutes nos limitations intérieures. C'est absorbé dans ce sens profond qu'il convient d'aborder cette profusion de termes zen où apparaît ce qualificatif : que ce soient les « grands » préceptes (*daikai*, les principes éthiques du *bodhisattva*), la « grande » compassion *(daihi)*, le « grand » homme (*dainin*, un qualificatif pour le Bouddha, l'Éveillé), le « grand » éveil *(daigo)*, la « grande » voie *(daidô)* ou encore la « grande » assise *(daiza)*. Toutes ces expressions communes désignent autant de façons de laisser se déployer toutes les qualités infinies de la largesse. Il convient de les entendre plus profondément comme les préceptes, la compassion, l'homme, l'éveil, la voie et l'assise de la grandeur.

« Grand » est la parole vive par excellence, car la grandeur vient de la vie et va à la vie. « Grand » n'a pas le sens de haut, mais celui de vaste et de large. La grandeur n'est pas une abstraction mais un art de vivre. Dans la tradition de l'éveil (le bouddhisme), « grand » exprime que tout commence et que tout finit, ici, dans l'expérience la plus triviale, la plus ordinaire de notre condition. Nous avons toujours des idées et des idéaux sur ce qu'est ou ce que devrait être la réalité, mais nous devons aller plus loin, faire un pas supplémentaire, vers l'ici-même, dans la réalité. Nous y installer, ou plutôt, puisque nous y sommes déjà, nous y réinstaller, mais autrement, pour de bon. La grandeur, c'est déjà simplement commencer par mesurer que nous avons un corps, que nous *sommes* un corps. Parfois, on pense être comme une âme emprisonnée, nous aimerions pouvoir nous détacher des humeurs, des dérèglements, des limitations de cette enveloppe corporelle, pour vivre dans les espaces illimités de l'esprit qui peut tout imaginer, tout penser. Mais la grandeur n'est pas là. La grandeur ne consiste pas à nous abstraire de ce monde, de ce corps que nous avons, mais à reconnaître que nous sommes, de part en part, toutes ces humeurs, ces dérèglements et ces limitations. Nous devons non seulement les reconnaître, mais les éprouver. Nous nous croyons emprisonnés, nous pensons qu'il nous faudrait quitter ce corps-ci et ce mental-ci, mais que serions-nous une fois dépouillés de toutes ces gangues corporelles et mentales ? Absolument rien. Car notre existence ne s'accomplit que dans ce corps et ce mental. Et nulle part ailleurs.

« Qu'est-ce que la mahâ prajñâ *? » Le maître Lingyin Qinqsong répondit : « La neige tombe à gros flocons. » Le moine resta silencieux. Le maître lui demanda : « Comprends-tu ? » « Non. » Le maître composa ensuite une stance :*

« La mahâ prajñâ
Ne relève ni de la prise ni de la déprise
Même si on ne comprend pas
Le vent se refroidit et la neige tombe. »

Recueil de la transmission de la lampe de l'ère Jingde[20]

Le Sûtra du Cœur

Fondamentalement la grandeur est absence d'obstacle, *mukeige*, et absence de peur, *mui.* Le célèbre *Sûtra du Cœur* le proclame : *« Comme le* bodhisattva – l'être d'éveil – *s'appuie sur la* prajñâ pâramitâ – la vertu d'intelligence –, *son esprit ne connaît plus d'obstacle, et comme il est dénué d'obstacle, il n'a plus de peur. »* Ce court *sûtra* est récité quotidiennement dans les temples zen dans la version de Xuanzang, le grand traducteur chinois. On entonne tout d'abord le titre : *Maka hannya haramitta shingyô*, le *Sûtra du Cœur de la mahâ prajñâ pâramitâ* (la grande vertu d'intelligence). La tradition zen ajoute spécifiquement le terme de *maka*, prononciation à la japonaise du sanskrit *mahâ*, « grand »[21], qui ne se trouve pourtant pas dans la traduction du titre par Xuanzang. Les hommes du zen commencent donc par chanter la grandeur. *Maka hannya haramitta shingyô :* si grande, si large est l'intelligence du cœur !

Mahâ est bien la grandeur, l'excellence de l'esprit. Petit et Grand Véhicule s'opposent comme l'exclusion et l'inclusion. Les termes ne désignent pas des écoles, comme on pourrait le croire, mais deux attitudes fondamentales, deux approches radicalement différentes de la vie intérieure. Le Petit Véhicule est fondé sur la séparation et la coupure. C'est l'attitude la plus habituelle, la plus aisée : si nous avons des difficultés, nous nous en écartons. Pour ne pas aller dans un sens, nous allons dans la direction opposée. Dans le Grand Véhicule, au contraire, nous prenons sur nous d'intégrer, d'accueillir, parfois d'affronter les difficultés. Lorsque deux protagonistes

On demanda au maître Luohan Shouren : « Qu'est-ce que le nirvâna *? » Le maître répondit : « Le* samsâra. *» « Mais qu'est-ce que le* samsâra *? » Le maître dit : « Qu'est-ce que je viens de dire à l'instant ? »*

Recueil de la transmission de la lampe de l'ère Jingde[22]

On demanda au maître Yunmen Wenyan : « Comment repousser la venue du samsâra *? » Le maître répondit : « Où est-il ? »*

Entretiens de Yunmen[23]

se disputent, se battent, nous pouvons oser les séparer, l'intelligence est réelle, mais l'intelligence sera plus grande encore si nous pouvons les réconcilier. C'est un exercice difficile qui oblige à se départir de ses habitudes, de ses facilités. La méditation est l'apprentissage de la largesse : quoi qu'il arrive, nous intégrons toutes les expériences, qu'elles soient mentales, émotionnelles ou corporelles, dans la dimension méditative.

Ce *Sûtra du Cœur* est l'invocation du cœur, un plaidoyer pour la grandeur. Le texte prend la forme d'une adresse, celle d'Avalokiteshvara à Shâriputra, un disciple du Bouddha. Avalokiteshvara représente la figure du *bodhisattva.* Shâriputra, lui, représente l'auditeur, c'est-à-dire l'adepte du Petit Véhicule qui entend se libérer du désir qui l'embarrasse. Avalokiteshvara dévoile à Shâriputra toute la grandeur du Grand Véhicule : le désir est fondamental, il est vie. Le désir ne peut être dépassé, tout au plus peut-il être nié, dénié ou renié. Il s'agit de se délivrer en ce monde, mais non point du monde. Mais l'entendement défaille à son écoute.

L'existence n'est autre que le nirvâna

Les traditions de la grandeur (le Grand Véhicule) affirment l'inséparabilité du *samsâra* et du *nirvâna.* Toutes les écoles chinoises et japonaises ont une maxime, souvent répétée d'ailleurs : « l'existence n'est autre que le *nirvâna* », *shôji soku nehan. Samsâra* est un terme essentiel de l'Inde, antérieur même au bouddhisme. Les Chinois l'ont traduit par *shengsi*, en japonais *shôji*, littéralement « les vies et les morts », ou plus complètement encore par *shengsilun,* « le cercle des vies et des morts », car les Indiens ont une vision cyclique de l'existence : la vie n'a pas commencé à la naissance, elle ne se terminera pas à la mort. La vie est un processus continué de renaissance en renaissance. La condition humaine, elle-même, n'est que l'une des formes de renaissance, la seule à pouvoir s'ouvrir à l'éveil. Dans son approche de l'existence, le bouddhisme perçoit le *samsâra* comme un processus sans cesse réitéré, un flux où se noue à chaque instant notre réalité vivante.

Pour les Indiens, le *samsâra* a la forme d'un cercle fermé. Si le déplaisir peut se transformer en plaisir, le plaisir peut tout autant décliner et se convertir à son tour en déplaisir. Leur questionnement viendra de là : comment échapper à cette dimension cyclique de l'existence qui se perpétue de vie en vie et qu'ils perçoivent fondamentalement comme un égarement ? Les traditions indiennes se détermineront à partir de cette conception du *samsâra*, sans doute héritée d'un fonds indigène, que ce soit pour l'affirmer ou bien au contraire pour nier sa réalité, comme certaines philosophies matérialistes de l'Inde ancienne. Le bouddhisme accepte, lui, le *samsâra* en le couplant avec sa doctrine de l'acte. En simplifiant : notre existence est un processus où être se confond avec faire. Je n'existe que parce que j'agis, et dans l'acte se perpétue mon existence. La qualité et le sens de mes actes détermineront alors mes conditions existentielles présentes et futures.

Les doctrines indiennes du *samsâra* décèlent dans ce processus de réitération une structure passive qui enchaîne, entraîne sans cesse les êtres : le *samsâra* est l'autre nom de l'ignorance et de l'illusion. Seuls l'ascèse et le renoncement permettront de s'en extraire. Dans cette optique, quel serait l'autre du *samsâra* pour le bouddhisme ? On le sait, le bouddhisme annonce un dénouement, une libération qu'il qualifie de *nirvâna*; et il médite ces deux termes essentiels, le *samsâra* comme un pôle négatif, le lieu de nos souffrances et de nos errances, le *nirvâna* comme un pôle positif, le lieu par excellence de la joie et de l'apaisement.

Lorsque la vie est éprouvée sous ses aspects de détresse et de souffrance, on pourrait croire que la cessation de la vie serait un moyen de s'en libérer. La libération serait effectivement radicale, mais en cessant purement et simplement de vivre, qui pourrait alors éprouver une quelconque libération ? Aucune réponse à ce qui nous questionne ne sera donnée, la question sera simplement biffée (et son questionneur anéanti). Bien sûr, devant le questionnement trop saisissant de la vie, s'échapper reste une issue tentante. Les traditions de la grandeur comme le zen critiqueront l'attitude qui croit pouvoir s'échapper, en finir avec le monde empirique du désir, pour s'ébattre dans une réalité tout autre. Mais non, notre existence est indépassable, elle nous constitue. Bien que la fuite soit une réponse naturelle, ces traditions recommandent une autre manière d'être qui tient de l'audace, car, disent-ils, « l'existence n'est autre que le *nirvâna* », *shôji soku nehan.* Les traditions de la grandeur veulent signifier par là qu'il n'existe aucun lieu, aucun espace en dehors du monde qui est le nôtre, ce monde tel que nous le percevons, tel que nous l'appréhendons, tel que nous l'arpentons. C'est dans notre réalité ordinaire que nous devons agir.

À nous mettre à l'écoute du monde, nous nous mettons finalement à l'écoute de nous-mêmes. Le monde n'est pas un simple environnement, nous ne pouvons non plus le réduire à une simple collection d'objets utiles ou inutiles selon le moment. La véritable relation qui nous unit au monde est bien loin d'une quelconque forme d'utilitarisme. Fermons un instant les yeux et écoutons ce qui vit en nous : nous habitons le monde en tant qu'êtres humains, c'est-à-dire avec nos émotions, nos souvenirs, nos promesses, nos confiances, nos défaillances aussi. Ce monde qui nous est offert est nécessairement le socle de notre humanité. Même les objets ne prennent sens que parce que nous les habitons; ils existent en dehors de moi, mais ils vivent tout autant en moi. Ainsi, jamais à distance de nous-mêmes, le monde nous constitue tout autant que notre corps propre. Les poètes savent l'écouter, non pas regarder un arbre comme un simple corps ligneux, tout au plus future chair à papier, mais entendre ce qu'il murmure à nos oreilles de ses mille feuilles.

Il nous faut apprendre à habiter le monde, c'est-à-dire à nous habiter. Il ne s'agit nullement de traverser des rivières imaginaires en pensant que sur l'autre rive existent des paradis. Il ne s'agit même pas de penser à l'après-vie ou à l'avant-vie, accessibles seulement en pensée ou en imagination. Ce qui existe dans la pensée n'existe que sous la forme de la pensée. Et nous avons justement besoin d'éprouver autre chose qu'une pensée[24]. C'est dans l'espace de notre existence propre que nous devons être, en la métamorphosant, ici, maintenant, de l'intérieur. Le zen ne propose pas de se libérer de la vie, mais de se libérer *dans* la vie, dans son feu toujours bouillonnant. Une telle possibilité nous engage à être joyeux.

Le maître Yongjia (665-713), un disciple de Huineng, le sixième patriarche, composa un long poème resté célèbre dans le zen, le *Zhengdaoge*, *Shôdôka* en japonais. Le titre pourrait être traduit par *Le Chant de la réalisation de la voie*, ou encore par *La Chanson de l'expérience de l'éveil*, *dao* ayant ce double sens dans les textes bouddhiques chinois de « voie » et d'« éveil ». Dans cette chanson, Yongjia y fredonne l'air de la grandeur. Beaucoup de ses phrases sont devenues des maximes zen, par exemple :

> *Demeurer dans les désirs et pratiquer le zen est la force du savoir et de la vue,*
> *Dans le feu, le lotus croît et reste indestructible*[25].

Le zen est bien une manière de demeurer, d'habiter, on pourrait même dire de prendre véritablement possession de son existence, d'en reconnaître tous les méandres tortueux. Notre existence n'est faite que de désirs brûlants, mais dans cette brûlure même réside la possibilité de la beauté, de la paix et de la joie. Dans le bouddhisme, la fleur de lotus est l'image par excellence de l'éveil. Le lotus croît, il se nourrit de la boue et sa fleur s'épanouit, d'une beauté immaculée. Mais l'image est encore plus radicale chez Yongjia : « Dans le feu, le lotus croît et reste indestructible », *kachû ni hasu o shôji, tsuini esezu.* Il y a là comme une impossibilité absolue, une fleur n'éclôt qu'à la saison des fleurs, dans l'eau ou bien sur la terre, mais sûrement pas dans un feu brûlant.

Comment cette réalité-là, celle dans laquelle nous peinons, nous endurons le monde qui est le nôtre, pourrait-elle s'ouvrir à une autre dimension ? Car, bien entendu, la question nous taraude, nous voudrions *véritablement* changer. Et ce que nous voudrions changer, c'est bien nous-mêmes, toutes ces émotions, ces dispositions intérieures. Nous préférerions la joie à la peine, ressentir l'amour plutôt que la haine, l'unité plutôt que la division. Nous sentons bien qu'il nous faudrait une méthode. Car, à ne rien faire, nous pressentons comme notre vie se déroulera à l'identique, répétant toutes ces défaillances que nous voudrions voir enfin disparaître. En même temps, nous savons que toute volonté de nous mettre à distance de nos problèmes ne résoudra rien. Nous n'avons pas besoin d'une idée, mais d'une expérience. Il n'existe finalement qu'une seule issue : laisser éclore la fleur de lotus dans le feu. L'envisager demande comme de l'audace. Il s'agit d'une invitation à vivre dans l'absence de peur. Dans la confiance. Une invitation à laisser se déployer un sentiment d'ouverture et de grandeur au milieu de nos propres désirs. Y demeurer. Mais comment se préparer à la grandeur, comment l'éprouver, comment la réaliser ? Il existe une méthode, elle s'intitule : « demeurer dans les désirs et pratiquer le zen ».

CHAPITRE 2

Moi, je sais mener les douze heures

Ne prendre ni rejeter

Dite en peu de mots, la méthode est désarmante : il s'agit de s'asseoir sur un coussin les jambes croisées dans la posture du lotus ou du demi-lotus, de redresser le buste, la tête droite, d'abaisser le regard, puis de poser les mains réunies dans le giron, de laisser le souffle aller et venir naturellement, pour s'installer dans la présence.

Évidemment, on pourrait être plus précis, décrire la manière, par exemple, de croiser les jambes, laquelle poser en premier, comment réunir les mains, etc. Pourtant, dans le prime dévoilement de la méthode, une certaine retenue paraît de mise. Trop dire pourrait laisser entendre que nous adopterions une posture singulière, alors qu'au fond nous n'adoptons rien de particulier, nous nous retrouvons. Lorsque je médite, je ne fuis pas la réalité, je n'envisage même pas de la fuir. Aucune perception extérieure n'est abolie, pas plus que mon âme n'est transportée dans quelque domaine spirituel. S'arrêter, s'asseoir, s'apaiser est comme un art d'entrer de plain-pied dans ce qui nous meut, dans ce qui nous tient vivant. Dans cet espace que nous nous offrons à nous-mêmes, nous touchons véritablement toute l'épaisseur, toute la réalité de notre être.

On donne généralement peu d'indications aux débutants. La méditation n'est pas une technique qu'il faudrait apprendre à maîtriser. Justement, il n'y a rien à maîtriser. Nous disons plutôt : il n'y a rien à faire, sinon de s'installer *enfin* dans la grandeur. Sans rien forcer, sans rien repousser. Sans chercher un quelconque éveil, sans fuir les égarements. Mais, pour un débutant, l'explication paraît un peu vague, car justement, avec sa naturelle fraîcheur, *shoshin*, le débutant aimerait clarifier la méthode, savoir ce qu'il convient de faire ou de ne pas faire pour ne pas sombrer dans une éventuelle confusion. Délaissons donc cette première retenue et approfondissons quelque peu. Déjà, l'exercice consiste à s'extraire du domaine de la pensée, à échapper au flot du mental qui déverse sans cesse son torrent intérieur. On ne pense pas à quelque chose. La méditation n'invite pourtant pas à entrer dans le néant de la pensée. Il ne s'agit aucunement de vouloir l'arrêter. De toute façon, nul ne le pourrait. Plus nous cherchons à arrêter la pensée, plus elle se fait impétueuse : d'ailleurs, toute volonté de l'arrêter est encore une pensée. Alors, comment toucher cette dimension à la pointe de l'impensable ? La seule méthode, pour autant que l'on puisse parler de méthode ou de procédé, consiste à ne pas juger la pensée et la laisser s'épuiser d'elle-même. La pensée est un problème pour autant que nous la regardions comme tel. C'est une autre attitude que nous devrions embrasser. Ses qualités sont l'ouverture, la lucidité, la présence.

Souvent, l'explication se résume en une injonction quasi paradoxale : ne suivez ni n'arrêtez la pensée. L'expression traditionnelle « ne prendre ni rejeter », *fushu fusha*, est parfois source de méprises. Des critiques surgissent même : les méditants tenteraient de se dissoudre dans une totale absence pour échapper au réel. Mais non, l'exercice consiste au contraire à être présent à ce qui se présente, les pensées, les sensations, les perceptions, sans rien juger, et laisser chaque pensée, chaque sensation, chaque perception à elle-même, pour entrer dans l'expérience pure de la présence. Dans cette expérience, toute possibilité de prendre ou de rejeter a finalement disparu. On l'appelle « la grande assise », *daiza*.

La grande assise

Cette assise est grande car elle ne cherche pas l'éveil : elle l'embrasse. Cette assise est grande car elle ne rejette pas l'illusion : elle l'embrasse. Tel est l'art de la grandeur. Nos habitudes nous conduisent toujours à aller dans un sens ou dans un autre, fuir ou chercher semble être la seule alternative possible. On évite les problèmes, on cherche les récompenses; on aime ses amis, on hait ses ennemis. Les déclinaisons du pour et du contre sont infinies. Mais, pour un moment, assis, paisible et joyeux, on s'installe dans la présence sans se préoccuper de ce que l'on déteste ou de ce que l'on préfère. Sans chercher à changer, sans même chercher à ne pas changer. Lorsqu'une pensée surgit, il suffit de s'en éveiller. Simplement demeurer dans les désirs et pratiquer le zen : une telle attitude semble tenir de la folie.

Je le dis humblement à ceux qui s'appliquent réellement avec la même aspiration, prenez la grande assise majestueuse, sans vous préoccuper de l'impulsion et du mouvement correspondant, sans recourir aux jugements et à l'intelligence, sans déroger à l'étude sur les longues estrades, sans vous retourner encore après vous être abandonnés dans le grand dépôt de la claire lumière comme il a été dit avec le corps et l'esprit, sans chercher l'éveil ni rejeter l'illusion, sans détester qu'une pensée apparaisse et sans prendre plaisir à la poursuivre.

Ejô, *Le Samâdhi du dépôt de la claire lumière*[26]

On demanda au maître Dongshan Shiqian : « Qu'est-ce que la voie ? » Le maître répondit : « Faire revenir le bœuf et chercher de lointaines vallées. »

Recueil de la transmission de la lampe de l'ère Jingde[27]

CHAPITRE 2

Dans le cours de la méditation, on ressent parfois comme de la confusion, de la violence ou de l'impétuosité, on apprend alors quelques techniques de concentration, sur des points du corps, sur le souffle, pour ne pas succomber totalement et se trouver englouti dans le flot intérieur. On les apprend d'un enseignant qualifié. À vrai dire pourtant, la méditation ne consiste ni à domestiquer son intériorité, ni à la mettre au pas, encore moins à la combattre. Moi et mon intériorité ne sommes pas deux. Et plutôt que de domestiquer l'intériorité, nous devrions la libérer comme un animal trop longtemps tenu par le licol de nos propres limitations et lui faire découvrir des contrées sauvages et inexplorées. Ces contrées ne sont jamais si éloignées qu'il y paraît. Il suffit de s'installer dans la présence : il suffit, et pourtant nous défaillons. En réalité, nous ne réalisons pas comme d'instant en instant nous nous tenons éloignés de la présence, et plutôt que d'y demeurer paisibles et joyeux, nous errons dans un labyrinthe dont nous ne savons plus trouver l'issue.

Une incise : Dans toutes mes expériences, je perçois certes des aspects intérieurs (les sensations, les émotions, les pensées) et d'autres extérieurs (ce que je vois, les objets de ma vision ou de ma pensée). Et pourtant, il n'existe qu'une seule expérience sans qu'il y ait de discontinuité entre l'intérieur et l'extérieur, même si je peux, par une réflexion seconde, distinguer l'intérieur de l'extérieur. Mais dans l'expérience immédiate, tout cela forme un seul moment d'expérience. Je contemple un beau paysage et je suis ému. Comment pourrais-je

On demanda au maître Linji Yixuan : « Qu'est-ce que le vrai bouddha, la vraie loi et la vraie voie ? Veuillez nous l'expliquer. » Le maître répondit : « Le bouddha, c'est la pureté de l'esprit. La loi, c'est la claire lumière de l'esprit. La voie, c'est la pure luminosité partout répandue. Les trois sont un. Ce ne sont là que des noms vides sans existence réelle. Chez l'authentique pratiquant de la voie, l'esprit, d'instant en instant, ne s'en écarte un moment. Dès que le grand maître Bodhidharma arriva des terres occidentales, il se mit simplement en quête d'un homme qui ne fût pas égaré par autrui. Enfin, il rencontra le deuxième patriarche qui comprit en une seule parole, et qui sut alors comme tout ce qu'il avait entrepris d'exercices jusqu'alors était inutile. Pour moi aujourd'hui, nous ne différons en rien des bouddhas et des patriarches. Si l'on comprend à la première phrase, on est un maître pour les bouddhas et les patriarches. Si l'on comprend à la deuxième phrase, on est un maître pour les hommes et les dieux. Si l'on comprend à la troisième phrase, on ne peut même pas se sauver soi-même. »

Entretiens de Linji[28]

l'expliquer ? Le paysage contiendrait-il une beauté intrinsèque dont la contemplation me bouleverserait ? Ou bien est-ce que je projette mon émotion dans la vision du paysage qui devient de cette façon coloré de beauté ? Qui, de la beauté extérieure ou de l'émotion intérieure, précède l'autre ? Toutes ces questions, en retard sur l'expérience elle-même, manquent de comprendre la présence immédiate au paysage. La présence est toujours là et c'est comme si nous l'avions oubliée[29].

L'attitude intérieure est délicate et nous devons sans cesse y revenir, l'éclaircir. Le zen ne propose pas une apathie telle qu'il n'y aurait plus aucune émotion, aucune pensée, un néant de l'âme en quelque sorte (même si une telle aberration a parfois existé dans le zen chinois). Non, rien de tel. L'apathie est la mort de l'esprit. Ce dont nous avons besoin, justement, c'est de vivre – d'apprendre à vivre. L'existence n'est autre que le *nirvâna*. Et c'est là où les hommes du zen[30] veulent nous conduire. En réalité, ils n'ont pas à nous y conduire puisque nous y sommes déjà. Lorsqu'on s'installe dans la présence, l'esprit touche à la liberté. À partir de cette présence, nous pouvons nous réengager dans le monde. C'est comme soudain s'éveiller d'un rêve. Il n'y a plus que la vie, vivante et alerte.

On demeure stable dans la présence. La présence n'est pas absence, la présence n'est pas obscurité, elle est luminosité. « La claire lumière », *kômyô*, est un autre nom pour cette présence qui surgit dans l'état méditatif. Cette clarté s'étend partout, à gauche, à droite, dans le passé, dans le futur. Elle n'est en rien limitée. Elle est

Mon défunt maître disait toujours : « Chez moi, il n'est pas besoin de faire brûler de l'encens, de se prosterner, de commémorer en pensée l'Éveillé, de se repentir ou de réciter les sûtra, *il suffit de s'asseoir, de s'efforcer dans la voie, de s'exercer à la méditation avec le corps et l'esprit qui se dépouillent. »*

Dôgen, *Les Écritures bouddhiques*[31]

plus éclatante que celle d'un ciel sans nuages, plus puissante que celle d'un astre au firmament. La question est là : avons-nous éprouvé cette claire lumière, pouvons-nous en témoigner ? Même si l'on pratique la méditation des mois, des années durant, que l'on participe à des retraites, que l'on suive des enseignements, si l'on n'éprouve pas cette clarté, même infimement, on aura passé son temps en vain. Nous n'avons pas besoin d'apprendre des doctrines, de les maîtriser, de lire des ouvrages. Connaître le bouddhisme n'est d'aucune utilité, nous avons simplement besoin de nous connaître vraiment. Tout ce qu'il faut, c'est oser le pas qui nous jette dans le feu brûlant de la vie, le pas qui nous jette dans le vide où rien ne peut plus tenir. Ne plus avoir peur que tout soit consumé dans l'instant. Dans la grandeur, il n'y a rien sur quoi s'appuyer.

Juste s'asseoir

Sous les dynasties Song (fin Xe siècle - fin XIIIe siècle), le zen chinois se trouve à son apogée. De vastes complexes monastiques rassemblaient parfois jusqu'à plusieurs centaines de moines. Leur quotidien se trouvait régi par de nombreux protocoles, des règlements, des liturgies, des rituels complexes, toutes formes de « pratiques méritoires ». Pourtant, le socle de l'expérience du zen n'est pas encore dit dans la récapitulation de ces pratiques monacales et communautaires. Dôgen cite à plusieurs reprises une forte affirmation de Rujing, son maître chinois, entendue, dit-il, sur le mont Tiantong en Chine orientale. Elle touche au cœur de cette expérience.

Rujing disait : *« Chez moi, il n'est pas besoin de faire brûler de l'encens, de se prosterner, de commémorer en pensée l'Éveillé* (le *nembutsu*, l'oraison intérieure du nom du Bouddha), *de se repentir ou de réciter les* sûtra, *il suffit de s'asseoir* (en japonais *shikantaza* – *shikan* est un adverbe, « seulement, simplement », *ta* un préfixe verbal intensificateur, et *za* « s'asseoir »), *de s'efforcer dans la voie* (bendô), *de s'exercer à la méditation* (kufû) *avec le corps et l'esprit qui se dépouillent* (shinjin datsuraku). *»*

Sous la plume de Dôgen, Rujing paraît toujours radical. La traduction, le développement de la phrase pourraient laisser entendre que le maître invite à un cheminement progressif en quatre temps ordonnés, que l'on commencerait par s'asseoir, puis que l'on s'efforcerait, que l'on s'exercerait, pour enfin laisser le corps et l'esprit se dépouiller d'eux-mêmes. En fait, les quatre termes sont utilisés par Dôgen comme des synonymes. Leur différent emploi lui permet d'explorer les multiples dimensions de « la méditation assise », *zazen*.

L'expression « juste s'asseoir », *shikantaza*, signifie que rien ne s'interpose entre celui qui s'assied et l'acte de s'asseoir. Cette assise ne se fonde sur aucune croyance, aucune idée. Il s'agit simplement de vivre l'expérience. L'expérience de la simplicité, de la bonté, de la présence, de la nudité. Ou encore, s'il faut trouver un mot plus puissant encore, de la liberté. L'expérience de se défaire des luttes, des attentes, des comparaisons. Par la méditation, la pensée est conduite à se délivrer d'elle-même, non pas que la pensée soit contrainte au silence par quelque effet de forçage, elle s'évide d'elle-même.

La pensée poursuit sans cesse la pensée, on a tant de questions. On cherche, on trouve et, lorsqu'une réponse anéantit la première question, la réponse se mue à son tour en nouvelle question, ne refermant jamais le cercle de la pensée qui se poursuit sans cesse elle-même. Et pourtant là, dans cette expérience de simplement s'asseoir, tout questionnement qui cherche sa réponse, toute réponse qui s'accorde avec sa question sont vaincus par l'expérience elle-même.

« L'effort dans la voie », *bendô*, comme son synonyme, « l'exercice – de la méditation », *kufû*, paraissent pourtant s'opposer au « dépouillement du corps et de l'esprit », *shinjin datsuraku*, comme le faire s'oppose au laisser-faire. *Kufû*, « l'exercice, l'application », laisse entendre en chinois l'attention, la diligence, l'effort (le premier des deux idéogrammes composant le mot signifie simplement d'ailleurs « l'effort »). Mais le paradoxe apparent se résout dans l'expérience vivante de la méditation. Effectivement, un abandon, un lâcher-prise, un oubli s'opèrent, mais ce lâcher-prise n'est possible qu'en maintenant un effort. On s'astreint en effet à une certaine posture, et c'est dans l'astreinte même que surgiront naturellement les sentiments d'ouverture et de liberté intérieures. Une double dimension à la fois d'activité et de passivité devient l'évidence : je médite tout autant que je suis médité. On pourrait ajouter que la méditation consiste à créer des dispositions particulières (son aspect d'activité) afin de laisser opérer le lâcher-prise (celui de passivité). Être passif n'est pas démissionner devant ce qui est. En réalité, *je* ne peux être que le seul acteur de ma vie, y compris dans le for intérieur de la méditation. La passivité est disponibilité intérieure. L'activité est mobilisation entière de soi. Non contradictoires, passivité et activité prennent toute leur force lorsque la passivité *est* activité, lorsque l'activité *est* passivité.

N'attendez pas l'éveil

Le silence de la méditation échappe à toutes les significations, à toutes les images, à toutes les objectivations. Bien sûr, il nous interroge, nous cherchons inévitablement à l'expliquer. Mais toute explication nous entraîne en dehors de sa réalité immédiate. Nous ne devrions pas laisser nos pensées digérer la méditation. Bien au contraire, la méditation devrait pouvoir transpercer chacune de nos pensées. La seule manière d'être dans cette justesse consiste à laisser la méditation à elle-même, ne pas la souiller par de quelconques idées sur ce qu'elle est ou ce qu'elle n'est pas.

Dôgen revient souvent sur ce conseil destiné aux méditants, en réalité une injonction, car la phrase est à l'impératif : « N'attendez pas l'éveil », *satori o matsu koto nakare.* L'éveil est une merveilleuse idée mais, tant qu'elle demeure une idée, elle nous déporte hors de la réalité. Une telle idée ne sert à rien dans l'instant précis où elle apparaît. Plus nous attendons l'éveil, plus nous nous en éloignons. Si nous abandonnons toute attente d'une réalité autre, nous nous apercevons que tout se joue aujourd'hui. Plus qu'aujourd'hui, en ce moment. Plus qu'en ce moment, juste maintenant.

Nous sommes sans cesse confrontés à des obstacles, à des limitations, ce corps et ce mental avec toutes leurs défaillances, leurs limitations, leur impossibilité foncière d'être autre chose qu'eux-mêmes. Il nous faut apprendre à reconnaître toutes ces entraves comme notre point d'appui et finalement comme les seules conditions à même de nous rendre libres. L'expérience de la méditation c'est devenir un, ne plus mettre à distance ce que nous sommes et ce que nous voudrions être, ne plus rien séparer dans l'expérience du juste s'asseoir. Et c'est finalement une expérience de liberté. La liberté nous rend légers, débarrassés de tous les fardeaux qui nous lestaient jusqu'alors. Légers à l'extrême, nous pourrions presque nous envoler à la manière de l'oiseau délivré de la pesanteur.

Le maître zen chinois Hongzhi (XIIe siècle) eut cette belle métaphore poétique pour suggérer l'expérience de la méditation : *« L'eau pure s'étend jusqu'au fond, le poisson nage lentement. Le ciel vaste n'a pas de limite, l'oiseau vole dans le lointain. »* [32] Évidemment, l'oiseau meurt s'il quitte le ciel, le poisson meurt s'il quitte l'eau, et pourtant la liberté de l'oiseau, celle du poisson existent. Sommes-nous libres ? La question n'a cessé d'agiter la philosophie. À vrai dire, la liberté ne peut simplement être un concept ou un motif de penser. À chaque instant, la vie est un avènement. Tout devient libre lorsqu'on prend la décision d'embrasser la vie, par-delà toute objectivation de la vie, à la manière d'un oiseau qui vole librement dans le lointain, certes totalement dépendant de son corps, de ses ailes, du vent, mais qui pourtant éprouve comme le ciel est illimité.

Lorsqu'on ne penche ni en avant ni en arrière, ni à gauche ni à droite, on est dans le domaine où se trouvent transcendées les quatre nobles vérités et le tétralemme. Lorsque le tétralemme est transcendé, on est naturellement délié des cent négations, il s'agit du samâdhi *royal de redresser le corps et de s'asseoir droit.*

Menzan, *Écouter et comprendre le Shôbôgenzô*[33]

Une telle approche ne nous retranche en rien de la réalité, bien au contraire. S'il faut renoncer à quelque chose, ce n'est qu'aux idées sur la vie, pour découvrir ce qu'elle est vraiment. Il ne s'agit donc pas d'imaginer, mais bien d'expérimenter, d'éprouver. Le corps est éminemment présent dans l'expérience de la méditation, notre réalité a une épaisseur, celle de notre corps sentant et percevant. Dans ce moment d'immobilité, qu'on appelle en japonais *shôshin tanza*, « s'asseoir droit, le corps redressé », nous cessons de courir après des représentations. C'est un chemin à rebours, car finalement, nous revenons sur nos pas, c'est-à-dire à l'envers de nos idées, pour entrer dans la dimension du maintenant. Dans le simple fait de s'asseoir, nous reconnaissons que la réalité est simplement là. Toujours là. Encore là. C'est un moment de profonde solitude, mais cette solitude nous fait profondément toucher à la vérité. Ce n'est pas une démission, plutôt une autre manière d'entrer en contact avec soi-même – d'être soi-même. On s'engage dans un véritable chemin vivant.

Méditer consiste concrètement à s'asseoir dans une certaine posture. On s'assied sur un coussin, on replie les jambes en lotus ou en demi-lotus, puis on redresse le buste sans pencher d'un côté ou d'un autre. On se tient droit. Une telle érection n'est pas seulement physique, elle est aussi mentale car à cette manière de ne pencher ni à droite ni à gauche correspond l'attitude de ne rien prendre ni rejeter. Symbolique, cette posture l'est aussi à sa façon : se tenir droit est une manière d'habiter réellement en soi-même, de prendre place entre le ciel et la terre.

Employer l'esprit

> *On demanda au maître Zhaozhou Congshen : « Comment employer son esprit tout au long des douze heures ? » Le maître dit : « Tu es mené par les douze heures. Moi, je sais mener les douze heures. De quelles heures parles-tu ? »*
>
> *Entretiens de Zhaozhou*[34]

Le maître zen Zhaozhou (778-897) – les Japonais disent Jôshû – exprime d'une manière incisive le propos même d'une pratique zen. Il nous adresse par-delà les siècles une interrogation essentielle : sommes-nous tirés, emportés par le flux de l'existence, happés par le temps qui passe jour après jour (les Chinois divisaient la journée en douze heures, leurs douze heures équivalent donc à nos vingt-quatre heures), ou habitons-nous vraiment la vie, en nous y engageant, responsables de nous-mêmes – et par là du monde ? Certains voudraient croire que la pratique du zen serait celle d'une totale passivité, n'avoir plus aucune prise, disparaître du réel. Si, effectivement, la méditation nous apprend la déprise, ce n'est que pour mieux nous apprendre la reprise. Prendre autrement. Prendre, saisir, désirer, aimer, penser sont les moteurs de la vie. Comment pourrais-je croire que mon cœur puisse un jour s'arrêter de battre ? La vie tient tout entière dans ces pulsations. Nous nous croyons sans doute maîtres de nous-mêmes, mais le sommes-nous effectivement ? Il ne s'agit pas tant de répondre que d'oser se poser les questions les plus difficiles, les affronter en dépit des vacillements.

CHAPITRE 2

Il nous faudra renoncer à nos propres mesquineries, celles qui nous laissent empêtrés, pour apprendre la largesse. Faire le détour de la méditation, s'asseoir dans le silence, c'est apprendre à devenir stable, lucide, éclairé, et pouvoir toujours aller de l'avant, porté par la fringale de la vie. Par la méditation, nous développons une attitude de simplicité, celle qui nous ramène au fait d'être un, à notre bonté fondamentale aussi. Comment donc « employer son esprit », *yôjin* ? Les hommes du zen nous engagent à « demeurer dans les désirs et pratiquer le zen ». Ce genre de maxime est destiné à nous bouleverser, de manière subtile et en même temps tranquille. Elle s'adresse à nous en tant qu'êtres humains. Et notre humanité n'est pas d'hier ou de demain, d'Orient ou d'Occident. Elle est toujours là, identique à elle-même. D'un seul coup, cette invitation nous conduit, pour peu qu'on puisse l'entendre, « à pacifier le cœur et fonder notre vie », *anjin ritsumyô*, selon l'expression zen. Pour que nos expériences soient vivantes, riches et que nous ne vivions plus à la surface de nous-mêmes. Nous avançons dans la vie à partir de cette fondation initiale, en développant une attitude d'ouverture devant le monde et devant les êtres.

La méditation n'est possible que si l'on se respecte soi-même. Avec la délicatesse, avec la tendresse qui est le propre de la méditation, nous laissons se déployer cette même qualité de non-violence dans notre vie. Il ne s'agit plus d'être en conflit, mais d'être lucides devant ce qui est. Notre vie devient un champ d'éveil. Il n'y a là rien d'extravagant. Nous retrouvons au contraire la banalité des moments ordinaires. Chaque moment,

Jadis, un moine demanda à un ancien : « Que faire lorsque cent, mille, dix mille objets arrivent en même temps ? »
L'ancien dit : « Ne les contrôle pas. »
Cela signifie que, peu importe ce qui arrive, de toute façon il ne faut rien modifier. C'est la loi rapide du Bouddha et non pas des objets. Ne considérez pas cette parole comme une brillante interdiction mais comprenez-la comme étant l'indéniable vérité. Même lorsqu'on se demande comment les contrôler, on s'en montre incapable.

Dôgen, *Seulement de bouddha à bouddha*[35]

chaque geste devient une occasion sans cesse renouvelée de redécouvrir le monde. Nous apprenons à découvrir l'instant présent. Juste à nous tenir dans l'instant présent. Bien sûr, nous sommes toujours le fruit du passé, et nous pensons continuellement à l'avenir, mais il nous faut aussi réapprendre à être simplement présents. Nous le sommes pourtant à chaque instant et c'est presque comme si nous l'avions oublié.

À chaque instant, l'instant se donne à nous dans sa disponibilité, dans sa gratuité. Comment réapprendre à goûter la saveur du présent, si ce n'est en s'exerçant à la grandeur ? S'y exercer, c'est ressentir comme la grandeur n'est finalement jamais assez grande. Nous avançons dans cette grandeur avec joie et, malgré tout, nous regardons toujours encore un peu trop en arrière, un peu trop en avant, nous avons tant de mal à nous exercer à la présence. S'exercer à la grandeur, c'est avancer en regardant devant soi, l'esprit vaste. C'est notre plus grand défi.

La grandeur est bien une certaine manière d'entrer en contact avec soi. Et si, dans cet espace d'ouverture, apparaissent des pensées, des sensations, des émotions, nous devrions les accueillir avec l'esprit vaste. Nous devrions apprendre à développer une attitude douce, flexible, délicate. Nous n'avons besoin ni de juger, ni de corriger, ni de contrôler quoi que ce soit. Simplement rester dans l'ouverture. C'est finalement un acte d'amour. Nous nous aimons nous-mêmes. Demeurer dans les clivages, c'est refuser de voir, d'entrer dans la dimension de la grandeur. Car tout est bon en soi, le bon grain comme l'ivraie. Il nous faut évidemment l'intelligence du cœur pour reconnaître ce que sont nos propres difficultés, ce qu'elles signifient, ce qu'elles nous donnent à vivre réellement. Comment les appréhender, comment les intégrer, comment les dépasser aussi. Mais nous ne devrions jamais créer de distance, avec ce qui se présente à chaque moment.

Les grands préceptes

La grandeur ne signifie nullement que tout devrait être confondu, amalgamé, dissous. Tout comme il ne s'agit pas de promouvoir l'apathie, il ne s'agit pas de tout confondre, le bien, le mal, etc. La grandeur, comme manière d'entrer en contact avec la réalité, doit également et réellement savoir exprimer des refus. Nous sommes naturellement confrontés aux oppositions, aux heurts, aux agressions, et savoir dire non permet tout autant d'accomplir avec authenticité notre humanité. Mais même dans le plus puissant des refus, devraient toujours demeurer l'écoute et la présence.

Le zen accorde une grande importance à l'éthique comme façon de déployer cette grandeur intérieure dans le champ de l'extériorité. Traditionnellement, le maître zen transmet au disciple une série de préceptes de vie. On les appelle « les préceptes de *bodhisattva* », *bosatsukai*, ou « les préceptes du Grand Véhicule », *daijôkai*, ou plus simplement encore « les grands préceptes », *daikai*. Ils proposent d'œuvrer à la grandeur. Ces grands préceptes sont condensés sous la forme de trois préceptes, dans l'ordre : ne pas faire le mal, faire le bien et aider autrui. Les traductions sont souvent trompeuses car si on invoque le bien et le mal, il ne s'agit évidemment pas du bien et du mal tels que l'entendent, par exemple, les traditions religieuses occidentales. Une autre façon plus directe de les traduire pourrait être celle-ci : savoir dire non, savoir dire oui et savoir aimer. Dans notre vie, nous devons apprendre à dire non, reconnaître ce qui est juste et ce qui ne l'est pas. Le premier refus dans le bouddhisme est celui de la violence. Tout commence par ce refus inaugural. La violence n'est pas la seule violence physique, ce sont toutes les formes de violence, jusqu'aux meurtrissures les plus subtiles que l'on inflige aux autres comme à soi-même. Il reste toujours comme un soupçon de violence dans nos gestes, dans nos paroles, dans nos pensées. Refusons-les. Mais s'abstenir n'est pas suffisant. Il faut pousser plus loin et entrer dans la dynamique du oui. Saurons-nous insuffler de la générosité dans nos refus ? Et même là, il nous faudra encore progresser, accomplir la grandeur en ouvrant toujours plus les bras. Nous devrions pouvoir témoigner de l'amour dans tous nos actes, ceux du refus comme ceux de l'acquiescement. Oui, le défi est presque écrasant.

Nous parlions jusqu'ici de méditation. Dans la tradition zen revient souvent cette explication que la méditation embrasse ces trois aspects des préceptes du Grand Véhicule. Effectivement, par la méditation, nous apprenons d'abord à dire non. Par le simple fait de s'asseoir, nous refusons d'entrer dans la course aux sollicitations, nous témoignons de notre besoin de simplicité et manifestons notre volonté de ne pas nous laisser contraindre par nos propres compulsions. Puis nous apprenons à dire oui, oui à la vie, oui à nous-mêmes. Plus profondément encore, ce oui n'est qu'un oui de tendresse, d'amour et de bonté.

CHAPITRE 3

Vous devez tout simplement ouvrir la main

La voie de l'Éveillé

Dans un monde tourbillonnant où l'homme est confronté à une existence trépidante, parfois confuse, parfois difficile, chacun voudrait se rassurer, trouver des solutions à son désarroi ; on imagine des pauses, des arrêts sur image. Aujourd'hui, chacun entend parler de méditation sans trop savoir d'ailleurs ce que ce terme recouvre vraiment. Les peines, les maladies, les désarrois, toute une variété de mal-être pourrait être effacée, espère-t-on. Le zen n'est pourtant pas une méthode de relaxation ou d'apaisement. Il ne saurait non plus, d'une manière ou d'une autre, se substituer à une psychothérapie. Comme pratique de la lucidité intérieure, il requiert d'ailleurs un minimum d'équilibre mental. Si nous avons des difficultés, des nœuds qui nous entravent durablement, il convient tout d'abord de les reconnaître et de les dénouer.

Il convient bien de démêler, de séparer ce qui relève de la thérapeutique et du spirituel. La thérapie questionne les difficultés, les détresses psychologiques. La spiritualité interroge, elle, plus profondément et d'une autre manière l'existence. Même si les limites ne sont pas

S'il y avait une école de l'esprit du Bouddha, il devrait y avoir une école du corps du Bouddha, une école de l'œil du Bouddha, une école de l'oreille du Bouddha, une école des narines et de la langue du Bouddha.

Dôgen, *La Voie de l'Éveillé* [36]

toujours faciles à tracer, le zen trouverait plutôt sa place du côté du spirituel. Mais l'usage du terme « spiritualité » reste une utilisation par défaut, malcommode encore. Nos désignations ne nous permettent guère de situer l'expérience de la méditation dans nos propres horizons de pensée. Mais le faut-il au fond ? Il convient de se méfier des mots trop vite proférés. À mesure que nous traduisons des propos aussi radicalement autres que ceux du zen, nous les interprétons nécessairement avec nos cadres de pensée, avec les notions et les traditions qui nous structurent, nous autres Occidentaux. Nous tentons de les rendre intelligibles avec ce que l'Occident sait dire du monde et de l'humain. Mais devons-nous forcément trouver des points de convergence ? Souligner les divergences pourrait être encore plus salvateur.

Le terme de « spirituel » sera donc à prendre avec précaution : car le spirituel, dans nos langues, s'oppose au corporel, ou bien encore au matériel, et renvoie à d'autres horizons, chrétien notamment, toutes ces divisions comme le corps et l'âme, Dieu et l'homme, le transcendant et l'immanent, etc., alors que ces dichotomies ne font pas sens en Orient. La vie spirituelle était entendue comme une proposition de s'extraire de la gangue de la matérialité pour se mettre à l'écoute de Dieu, que l'âme s'élève vers les cieux. Même à élargir aujourd'hui la signification du terme, il ne peut totalement rencontrer l'expérience de la grandeur telle que l'entend le zen. On pourrait même dire que le zen ne relève ni de la psyché ni de l'esprit, puisqu'il nous engage totalement dans l'expérience vivifiante du corps, dans la matérialité de l'existence. Et pourtant nous ne pouvons pas simplement parler d'une corporalité. Il nous faudrait inventer d'autres mots, des mots neufs qui ne soient plus engoncés dans d'anciennes références. Provisoirement, parlons d'un chemin de vie. Les Japonais disent « la voie de l'Éveillé », *butsudô*.

L'éclatement actuel de la modernité, la marchandisation du monde ont dissous nombre de repères, qu'ils soient sociaux, politiques, religieux ou culturels, engendrant tensions et angoisse. Même se tenir debout dans les embruns de la vie paraît parfois relever du prodige. Sans visibilité aucune, le passé est flou, le futur trouble, le présent vacille. Sur quel sol s'appuyer, sinon sur soi ? Et pourtant, même l'identité ne paraît plus guère assurée. Pour maintenir son existence, l'homme moderne doit désormais apprendre l'art du dédoublement : mis à distance, son corps, son esprit, ses émotions, ses humeurs, ses sentiments sont aplatis à la dimension d'un matériel qu'il doit désormais réguler, façonner, optimiser pour tenter, non de vivre, mais de survivre, pour reprendre la main sur l'imprévisible, et seul, puisque le monde s'opacifie partout et autour. La gestion, la technologisation, la médicalisation de soi sont devenues des outils pour redonner l'épaisseur nécessaire à son existence [37]. Dans cet environnement, la méditation apparaît comme une nouvelle médecine psychosomatique qui permettrait, espère-t-on, de gérer ou même de soulager son anxiété. L'image du méditant détaché, les yeux fermés, avec son léger sourire sur les lèvres, nourrit naturellement les fantasmes de l'homme moderne. Cet imaginaire produit même une littérature sur les bienfaits et les effets régulateurs de la méditation.

Le plus souvent débarrassée de sa dimension bouddhiste, n'en retenant qu'une vision naïve ou édulcorée, la méditation y est présentée comme une nouvelle technique de gestion de soi, faisant souvent la part belle à une vision technicienne de l'homme. À force d'assise, le méditant produirait des ondes cérébrales ou des endorphines qui lui donneraient la placide sérénité si caractéristique des moines bouddhistes.

Mais l'expérience réelle du méditant est tout autre. Il travaille à même sa subjectivité, dans la chair brute de ses émotions et de ses sentiments. Il ne s'en sépare jamais. Il ne les régule pas, il les vit, il les affronte. Il n'existe aucun effet immédiat de la méditation, si ce n'est celui d'être confronté au rien : comment peut-on rester assis des heures durant, sans proposition aucune, sans penser *à* quelque chose ? Pour certains, cette expérience sera insupportable, pour d'autres libératrice et vivifiante. Des personnalités fragiles pourront même ressentir de la peur, une angoisse infinie qui surgit et les submerge – dès lors, il paraît délicat de leur recommander l'exercice. Il n'existe pas de règle en la matière, chacun la vivra différemment, avec son histoire propre, avec des ressentis fort différents, précisément par la mise en jeu totale de son être. Toute l'habileté du méditant consistera à approfondir l'exercice, à s'ouvrir inlassablement à l'esprit vaste, avec et parfois même en dépit de ses sensations et de ses difficultés. Ce qui l'obligera à suivre un instructeur aguerri à même de l'orienter, de le conseiller dans cet espace parfois déconcertant. On ne saurait jamais assez insister sur les véritables enjeux de la méditation. La méditation nous

Vimalakîrti répondit : « La soif s'établit sur le mal, de là naît ma maladie. Comme tous les êtres sont malades, je suis malade. Si tous les êtres pouvaient être guéris, je le serais aussi. Pourquoi ? Parce que le bodhisattva *éprouve le* samsâra *pour les êtres. Tant que le* samsâra *existe, la maladie existe. Si les êtres pouvaient se délivrer de la maladie,* le bodhisattva *n'aurait plus de mal, lui aussi. C'est comme par exemple un maître de maison qui n'a qu'un fils unique : si le fils a mal, ses parents ont mal aussi, s'il se remet de sa maladie, ses parents aussi. Il en va de même du* bodhisattva *qui aime tous les êtres comme s'il s'agissait de ses propres enfants. Lorsqu'ils tombent malades, le* bodhisattva *tombe malade. S'ils se remettent de leur maladie, il se remet également. Tu me demandais quelle était la cause de ma maladie ? La maladie du* bodhisattva *provient de sa grande compassion. »*

Sûtra de Vimalakîrti[38]

entraîne à nous délivrer du fantasme de l'immortalité, de l'individu enfin lisse et tout-puissant. Notre véritable force, aujourd'hui, serait de pouvoir se laisser véritablement affecter par l'émotion, l'accepter, et d'écouter ce qu'elle dit de nous-mêmes et de notre humanité ; ne plus se dédoubler mais enfin s'unifier. Non, la méditation n'est pas la solution qui résoudrait nos tensions internes par leur annulation magique. Les hommes du zen ne sont pas plus délivrés de leurs limitations que les hommes ordinaires, ils n'en sont délivrés que dans les fantasmes sur l'éveil. Ils ne congédient pas leur passé, ni ne révoquent leur identité. La voie de l'Éveillé est un chemin de vie, et ils avancent dans ce chemin avec parfois la gêne du boiteux.

Le Sûtra de Vimalakîrti

La poésie est en exil, à la périphérie de nous-mêmes, alors qu'elle devrait habiter notre cœur. Qui s'en soucie désormais ? Les poètes sont pourtant les éclaireurs de l'éveil. Ils nous apprennent que nous ne pourrons jamais nous défaire de la mort, de la vieillesse et de la maladie, et que notre tâche d'être humain consiste plutôt à rendre lumineuses la maladie, la vieillesse et la mort ; qu'il nous faut éprouver la liberté, non pas en dehors ou contre nos maladies, mais avec elles, en elles. Les poètes sont à l'avant-garde de l'humain. Qui, aujourd'hui, sait les entendre ?

Le *Sûtra de Vimalakîrti* est l'une des plus belles œuvres poétiques du Grand Véhicule indien. Il se présente sous la forme d'une enquête : pourquoi le maître de maison Vimalakîrti se trouve-t-il alité dans son logis en la ville de Vaishâlî ? Le Bouddha Shâkyamuni a perçu le stratagème de Vimalakîrti, car il sait que ce dernier s'est maquillé de sueurs pour délivrer l'enseignement de la grandeur. Le Bouddha tente donc d'envoyer, un par un, ses disciples s'enquérir de sa maladie. Mais tous refusent car chacun sait comme Vimalakîrti aime marteler toutes les étroitesses de l'esprit, des plus grossières jusqu'aux plus subtiles. Seul le plus valeureux, le *bodhisattva* Mañjushrî, le dénommé « prince du *dharma* », se rend à son chevet pour lui poser les trois questions : quelle est la cause de cette maladie ? Durera-t-elle longtemps ? Quand donc cessera-t-elle ? Vimalakîrti ne répond pas simplement à Mañjushrî, mais en réalité à la foule des êtres qui l'accompagnent pour entendre ses réponses. Il répond à tous ceux qui ouvriront les pages de son livre et qui, inquiets, cherchent des réponses à l'épreuve de l'existence.

Voilà ! Vimalakîrti partage la condition humaine, et ce n'est que par compassion qu'il souffre. C'est de la maladie qu'il vient, c'est à la maladie qu'il va, car il œuvre au cœur des épreuves. Si Vimalakîrti apparaît sous la forme d'un malade, sa maladie mystique n'est pourtant qu'une semblance donnée à contempler aux êtres ; le long dialogue qui se continue ensuite entre le maître de maison et le prince du *dharma* s'adresse au *bodhisattva* malade, celui qui peine et endure dans son corps et son esprit toutes ses limitations intérieures, le *bodhisattva* malade qui ne peut changer la taille des sièges, ni faire apparaître des êtres fantasmagoriques – quelques-uns des nombreux prodiges de Vimalakîrti. Celui-ci lui adresse cette folle recommandation : Ne te lasse jamais de la maladie ! Le corps qui fuit de toutes parts de ses humeurs n'est en rien méprisable, toutes les sensations sont à éprouver, qu'elles soient plaisantes ou douloureuses : ne t'échappe pas, ne succombe pas ! Le chemin intérieur avance sur les crêtes, le pied doit être solide, le mental affermi, le cœur dénué de peur.

Vimalakîrti nous demande de renoncer au monde tout en nous sommant de nous y engager totalement. L'inconcevable est là : faire tenir ensemble ce qui nous a toujours paru irréconciliable, notre condition d'êtres égarés et celle d'éveillés, pour finalement réaliser que *samsâra* et *nirvâna* ne sont qu'une seule et unique (ir)réalité. Plus le *bodhisattva* cherche à s'élever, plus il doit s'abaisser. Cette impossibilité même, dit Vimalakîrti, est la seule issue pour vivre une vie authentique. Dans l'assemblée réunie autour du Bouddha Shâkyamuni, deux *bodhisattva* jumeaux sont présents : l'un se nomme Qui-lève-toujours-les-mains, l'autre Qui-abaisse-toujours-les-mains. Le premier prie les bouddhas en élevant les mains jointes, l'autre tend ses mains ouvertes vers les êtres souffrants. En d'autres termes, le premier s'élève dans l'éveil, tandis que le second s'enfonce dans l'égarement. Mais évidemment l'un est le double de l'autre. Le *bodhisattva* chemine dans cette tension intérieure grâce à *prajñâ*, l'intelligence qui conduit à l'éveil, et à *karunâ*, la compassion qui le ramène sans cesse aux autres. La sagesse, seule, peut conduire au désengagement, au repliement, elle a besoin de s'ancrer dans la réalité. La compassion, seule, peut conduire au chagrin, elle a besoin de saisir toute l'irréalité de nos égarements.

Juste s'asseoir

Nous cherchons à vivre et pourtant la vie nous est toujours donnée. L'expérience du juste-s'asseoir nous renvoie à la dimension immédiate et présente de la vie. Tant que nous surimposons, que nous imposons quelque chose à la méditation, nous nous empêchons de réaliser sa dimension de plénitude. L'assise ne peut donc être une méditation que l'on qualifierait de thérapeutique ou même de spirituelle. Ajouter « juste » dans l'expression « juste s'asseoir », *shikantaza*, est une manière de briser tous les ajouts. C'est en osant laisser échapper toutes ses attentes que cette présence à soi, réelle, vivante, vivifiante, pourra surgir. Il ne s'agit même pas d'abandonner telle ou telle idée. Il s'agit réellement de s'abandonner en entier. La méditation est don pur. Le véritable don n'a aucune peur, il ne retient rien, il n'est entravé par rien. Il est amour. Il est ouverture. L'assise se réalise en tant qu'assise lorsque je m'engage totalement dans la dimension du don. « Totalement » signifie s'asseoir sans faux-semblant, sans arrière-pensée. Même les croyances sur la méditation, les espoirs devraient être abandonnés. L'intrépidité est ici requise, sinon la méditation restera morne, étouffée et l'on continuera à vivre dans le monde de ses croyances. Il ne s'agit pas seulement de se défaire de ses attentes les plus grossières, les plus visibles, comme de vouloir soigner telle ou telle maladie, mais des attentes les plus subtiles, les plus invisibles. Celles que l'on doit finalement traquer au fond de soi pour les dépasser et se convertir au monde de la vie.

CHAPITRE 3

La méditation n'est parfois qu'un moment d'errance intérieure. À chaque fois, le méditant devrait être lucide, s'interroger sur son expérience et se demander finalement : est-ce réellement un état d'éveil ou est-ce encore de l'errance, est-ce une tranquillité doucereuse finalement proche d'un état de confusion ou autre chose encore ? La méditation ressemble parfois à celle du chat qui guette la souris. Le chat détend son corps, devient de plus en plus tranquille comme s'il était finalement endormi. Son corps, sa queue ne bougent plus, ni même ses yeux qui semblent perdus dans le vague. Et pourtant, imperceptiblement, tous ses sens demeurent en alerte, attendant que la souris surgisse à portée de griffes. Si l'on pratique de cette manière, l'esprit ne sera jamais tranquille, les troubles et les doutes ne seront en rien brisés. Il faut oser le pas du don qui ne se soucie en rien d'agripper quoi que ce soit. L'intrépidité est requise, car le don nous fait peur, il paraît même nous mettre foncièrement en danger. S'asseoir les jambes croisées en lotus n'est pas si difficile, il suffit de s'entraîner ; pacifier son mental n'est pas très difficile non plus, il suffit encore de s'entraîner ; mais se permettre le don est sans doute ce qu'il y a de plus difficile, car nul ne peut s'y entraîner. Il advient. Et pourtant le don ne tient à rien. La main est fermée, il suffirait de l'ouvrir. Juste de l'ouvrir. Et pourtant, nous n'y arrivons pas, les doigts crispés et recroquevillés.

L'éveil est toujours là, à portée de main, mais on ne sait jamais assez lâcher, relâcher, à la fois si proche et si inaccessible. Les tensions, les attentes, les crispations, les nœuds nous entravent à chaque instant, nous ligo-

Le maître de méditation Zhen du temple de Yongguangyuan dans la préfecture de Su monta en salle et dit à la communauté : « Que la fine pointe du langage défaille et la contrée natale se retrouve à dix mille lieues. Suspendu au bord du précipice, vous devez tout simplement ouvrir la main et vous permettre vous-même de l'accepter. Après la mort, vous reviendrez de nouveau à la vie. Je ne peux me moquer de vous. Comment quelqu'un pourrait-il taire le sens de l'inouï ? »

Recueil de la transmission de la lampe de l'ère Jingde[39]

tent complètement, repoussant dans un ailleurs lointain toute possibilité d'éveil. Et pourtant, tout peut être tranché en un instant car c'est toujours nous qui nous nous ligotons moment après moment. Bien entendu, le don n'est pas comme une passivité totale dans laquelle nous serions engloutis, emportés comme fétus de paille dans le courant. Dans cet abandon se tient une force, une énergie puissante. L'abandon est confiance. Dans cette ouverture du cœur que j'ose grande, totale, sans arrière-pensée ni même avant-pensée, mon cœur s'ouvre comme vie.

Ouvrir la main

Le zen n'a que deux règles : la première, pratiquer la méditation ; la seconde, étudier auprès d'un maître de vie. Il ne s'agit pas d'un ordre, d'abord l'une puis l'autre ; il ne s'agit pas non plus d'opter entre l'une ou l'autre méthode, mais de les vivre, de les accomplir pleinement et conjointement. L'éveil naît de cette adéquation. Les enseignements n'ont de sens que s'ils peuvent être vécus, expérimentés, pratiqués. Bien sûr, des causeries, des leçons peuvent toucher la conscience, la transformer, mais l'écoute seule est-elle à même de nous extraire de nos habitudes ou, dit plus directement encore, l'écoute peut-elle seule nous arracher à nos mesquineries ordinaires ? La méditation est une expérience du corps qui nous permet, elle, d'explorer notre intériorité, mais cette pratique peut-elle, en elle-même et par elle-même, nous convertir immédiatement à la vie éveillée ? À la vérité, s'asseoir ne garantit en rien d'un bouleversement intérieur. Vous pouvez aussi vous fourvoyer, vous installer dans une routine méditative, croire méditer alors que l'égarement ne fait que nourrir l'égarement. S'asseoir de temps à autre sur un coussin et apprécier le silence a ses vertus, mais, pour le zen, ce n'est pas encore là le véritable exercice. Savourer des paroles et apprécier l'air détendu d'un enseignant n'est pas non plus à proprement parler étudier avec un maître de vie. Un pas décisif et audacieux doit être entrepris. S'exercer au zen ne consiste ni à accumuler un savoir ni à thésauriser des heures de méditation : il s'agit simplement de lâcher prise. Au fond, les livres, les enseignements n'invitent qu'à cela.

Un véritable lâcher-prise doit surgir et nous bousculer. On l'expérimente en son cœur. Le lâcher-prise n'est pas comme un simple état de tranquillité intérieure, ce n'est pas plus abandonner une, deux, trois ou quelques pensées qui apparaîtraient l'une après l'autre au cours d'une méditation. Le lâcher-prise est nécessairement radical, c'est *tout* lâcher. Il ne s'agit donc pas de se détacher d'une douleur corporelle si le corps souffre. Il ne s'agit pas non plus de se détacher d'une pensée si le mental divague. C'est le soi-même fait de toutes ses attentes, de toutes ses projections, de toutes ses représentations qui est à lâcher. Nous disons se dépouiller du corps et de l'esprit, *shinjin datsuraku.*

De cette expérience fondamentale du lâcher-prise, tout pourra rejaillir, revivifié et renouvelé. Enfin on saura ce que signifie être, s'accepter soi-même, sans regretter le passé, sans craindre l'avenir, en se tenant vivant au cœur de la vie. Pour exprimer la rupture, la discontinuité entre abandonner une douleur, abandonner une pensée et l'acte inouï de se dépouiller du corps et de l'esprit, le zen a une métaphore si forte qu'elle en fait presque vaciller d'effroi. Nous disons : imaginez que vous êtes suspendu par les mains au bord d'un précipice et que vous vous permettez d'ouvrir les mains. Devant une telle image, l'imagination se dérobe, elle indique précisément que le lâcher-prise est au-delà de toute imagination. Ce lâcher-prise est l'entreprise la plus audacieuse et la plus difficile qui soit, puisqu'on abandonne sa propre image de soi. Et c'est bien cela qui nous fait vaciller, nous tenons tant à notre image de nous-mêmes, qu'à tout prendre nous préférons nous tenir éloignés des bords vertigineux et renégocier jour après jour une journée supplémentaire avec la vie.

Il n'y a qu'une seule façon de s'exercer : méditer réellement, jusqu'à sentir l'abysse près de soi, ouvert, sans fond. Va-t-on alors trembler ou oser ? En même temps pourtant, on ne peut jamais s'entraîner au lâcher-prise. Le lâcher-prise ne peut faire l'objet d'une technique qui, à coup sûr, nous ferait lâcher prise. Tout au plus peut-on créer ses conditions. Du jour au lendemain, il advient, par-delà la pensée d'un agir ou d'un non-agir, sans que l'on puisse distinguer si je lâche prise ou si la prise me lâche. Mais les jours passent et rien ne survient vraiment. Pour lâcher prise, il suffirait pourtant et simplement de *se le permettre.* D'oublier les craintes, les peurs, pour se tenir devant la réalité nue et simplement laisser s'effondrer les attentes, toutes, même les plus subtiles, même les plus invisibles. Ne rien préserver mais ouvrir

[Le maître Changsha Jingcen composa un poème :]

En haut d'un mât de cent jô, *un homme immobile,*
Bien qu'il ait atteint l'entrée, il n'est pas encore vrai.
En haut d'un mât de cent jô, *il doit avancer d'un pas,*
Le monde entier dans les dix directions est le corps entier.

Recueil de la transmission de la lampe de l'ère Jingde[40]

~

Lors d'une instruction, maître Dôgen dit : « Ceux qui étudient la voie doivent abandonner leur corps et leur esprit et pénétrer totalement la voie de l'Éveillé. Un ancien a dit : "En haut d'un mât de cent pieds, faire encore un pas." Évidemment, en haut d'un mât de cent pieds, l'esprit imagine que l'on meurt à perdre pied et s'agrippe solidement. Se le permettre et avancer d'un pas signifie accepter qu'il n'y aura rien de négatif; quant à abandonner, on l'accomplit réellement, à commencer par ses occupations séculaires jusqu'à sa propre subsistance. Tant qu'on ne les aura pas rejetées, on aura beau pratiquer la voie comme si l'on étouffait un feu embrasant sa tête, il sera impossible de réaliser la voie. On doit se le permettre et abandonner à la fois le corps et l'esprit. »

Ejô, *À l'écoute du Shôbôgenzô*[41]

les mains devant la vie. À chaque instant, la possibilité de lâcher prise nous est offerte et pourtant l'invitation nous semble toujours impossible. Le lâcher-prise est comme un mot vide qui nous fait juste rêver de temps à autre.

L'intimité des cœurs

La présence d'un maître de vie est nécessaire : car seul on ne se permettra jamais d'ouvrir vraiment les mains. « Lâcher les mains au bord du précipice », *kengai ni te o sassu*, paraît éminemment dangereux ; la mort ne se trouverait-elle pas en bas ? Cette défaillance de l'imagination, cette impossibilité même d'imaginer quelque chose en bas, à part le noir, l'opacité, le néant, ne signerait-elle pas la mort ? Le maître est là pour démontrer d'une manière vivante comme l'acte radical de lâcher les mains au bord du précipice est effectivement dangereux pour nos égarements, mais que de cet acte merveilleux jaillit une vie fraîche, réelle et renouvelée. On meurt au monde des peurs et l'on renaît au monde de la joie. Ce sont nos représentations de nous-mêmes qui meurent, non le soi qui vit enfin, libre. Tout son enseignement, tous ses actes, tous ses gestes doivent montrer, susciter, encourager le lâcher-prise. Mais sa démonstration restera le plus souvent incomprise, les peurs sont trop présentes pour entendre, pour voir, pour comprendre réellement ce qu'il dit ou ce qu'il fait.

Une telle démonstration ne connaît aucune règle, seule l'intimité la rendra audible, visible et compréhensible. Lorsqu'on parle d'étudier auprès d'un maître, on ne parle pas d'emmagasiner ses conférences, de l'écouter de temps à autre, ou simplement de l'apprécier, encore moins de le jauger pour ce qu'il dit. La relation d'un enseignant et d'un étudiant est tout autre. Elle se noue dans « l'intimité des cœurs », *i shin den shin.* L'un se donne à l'autre, dans une relation d'amour. Aimer, c'est déjà pouvoir oublier ses égarements intérieurs, s'extraire de soi pour se mettre à l'écoute, non une écoute superficielle qui reste à la surface des mots, mais une écoute qui entend par-delà les mots eux-mêmes. Peu importe d'ailleurs que le maître soit loquace ou discret, qu'il bégaie ou qu'il soit versatile : s'il puise à la racine de lui-même, sa parole sera toujours vraie. Le bouleversement intérieur surgit dans cette rencontre d'authenticité. Sans arrière-pensée, sans préméditation, dans l'écoute réciproque, par-delà les singularités propres de chacun, quelque chose peut être montré et expérimenté. Alors le disciple peut voir le lâcher-prise.

Le zen s'est transmis de génération en génération par la seule rencontre du cœur. Il ne peut aucunement s'apprendre dans les livres, car il ne relève pas d'un savoir. Même ce livre-ci ne peut inviter qu'à la rencontre du cœur. Guère plus. Le maître enseigne, le disciple étudie, mais, dans la véritable intimité des cœurs, l'enseignement comme l'étude sont dépassés. Une telle relation ne peut se nouer que dans la confiance mutuelle. Le disciple a confiance dans la bonté du maître. Le maître, lui, a confiance dans la capacité du disciple à toucher son propre cœur. L'un et l'autre font un pari sur l'avenir : qu'une vie authentique et éveillée est possible. Chacun s'y jettera totalement, sans faux-semblant, ni *a priori*, ni jugement. Le maître et le disciple se mettent tous deux à nu, se dévoilent, s'exposent, se mettent en danger. Il y aura parfois des difficultés, des renoncements et des épuisements. Toute transformation a son prix. Les remises en cause sont parfois douloureuses – il y a tant de choses que l'on ne voudrait pas remettre en cause. Et puis il y aura des joies et des bonheurs. Le souci constant de l'enseignant est de trouver le mot juste, l'attitude qui va bouleverser son ami. Le bouleversement intérieur est rendu possible par ce jeu de miroirs qui ne cherchent plus à renvoyer des images mais au contraire à les faire éclater en pièces. C'est une relation nécessairement exigeante. Elle prendra du temps, mûrissant jour après jour, mois après mois, année après année.

Dans la tradition du zen sôtô, l'amitié qui unissait Dôgen et son disciple Ejô (1198-1280) reste le modèle par excellence de cette relation d'amour. Après quatre ans de pérégrinations en Chine, Dôgen revint en 1227 au Kenninji, son temple d'origine à Kyôto. C'est là qu'Ejô, un moine japonais de deux ans son aîné, le visita peu après son retour. D'une famille aristocratique, Ejô avait étudié le bouddhisme de l'école tendai, les doctrines de la Terre Pure, et suivait alors les enseignements d'un certain Kakuan, qui se réclamait du zen chinois. Ayant entendu parler de Dôgen, il voulait en savoir plus sur le zen car lui-même ni son maître ne s'étaient rendus sur le continent. La rencontre le jeta à terre, et il voulut se mettre immédiatement à l'école de Dôgen. Celui-ci refusa car il n'avait pas encore de temple propre. Par la suite, Dôgen quitta le Kenninji et s'établit à Fukakusa, non loin de Kyôto. C'est là qu'Ejô le rejoignit finalement en 1234, sans doute peu après la mort de Kakuan. La relation devint immédiatement celle du cœur. Un monastère fut bâti, qui fut baptisé du nom de Kôshôji. Dôgen offrit alors à Ejô la place de « premier siège », *shuso*, le moine qui peut enseigner à la place de l'abbé. Toute sa vie durant, Ejô le suivit « comme l'ombre suit le corps », rapportent les textes, l'aidant à consigner et corriger ses écrits. Après la mort de Dôgen, il lui succéda à la tête de la communauté. Lorsque lui-même sentit sa fin approcher, il demanda à ses disciples que ne soit érigé aucun reliquaire particulier pour ses cendres mais qu'elles soient placées près de celles de Dôgen, voulant demeurer par-delà la mort son éternel ami.

Dôgen avait cette parole forte : *« Si on ne trouve pas de maître authentique, mieux vaut ne pas étudier* [le zen]. *»*[42] Pour nos oreilles modernes, un tel conseil devient presque inaudible. Aujourd'hui, beaucoup de personnes en Occident expérimentent la méditation et espèrent pouvoir se passer de la relation du cœur avec un enseignant ; ils la refusent parfois, se contentant de quelques lectures et conférences. Une telle relation semble démodée, ou bien on soupçonne l'aliénation. Mais comment l'amour pourrait-il nous aliéner ? Bien sûr, l'étiquette de maître ne suffit pas à garantir qu'une relation vraie soit possible. Il n'existe pas d'appellation contrôlée en la matière, et il faut savoir discerner le maître authentique du maître inauthentique, celui qui vit dans l'amour et le don de celui qui vit par le pouvoir et l'emprise. Même en bouddhisme, certains enseignants élèvent et d'autres avilissent : cette vérité ne peut être écartée. Mais, avec intelligence, les imposteurs seront démasqués. Fort heureusement, ils sont peu nombreux. L'enseignant authentique possède des ressources illimitées, une volonté sans bornes, non pour manipuler, flatter, flétrir, mais pour élever. Il n'a pas besoin de se valoriser, de s'affubler de titres ronflants. Il vit d'humanité.

La peur de la grandeur

Cette peur souvent entendue de la mystification n'est-elle pas, au fond, une sorte d'alibi ? Ne sommes-nous pas plutôt arrivés aujourd'hui à un tournant, à un *moment* de l'histoire de l'humanité où l'ouverture du cœur est devenue quasi impossible, ou du moins requiert-elle un effort si démesuré qu'on ne puisse guère l'envisager ? Quelqu'un qui nous y inviterait tiendrait du fol échevelé. Nous voici aujourd'hui, hommes et femmes du XXIe siècle, entre-deux et nulle part, pris dans des étaux dont nous ne mesurons pas encore toute la puissance destructrice. Nous demeurons pourtant des êtres humains, c'est-à-dire sensibles et aux ressources infinies, mais comment oser véritablement la tendresse et l'audace du cœur dans un monde où les valeurs de performance et de réussite sont devenues si totalitaires ? Comment oser la grandeur lorsque se recroqueviller paraît quelquefois la seule issue ? Ne vaudrait-il pas mieux s'étourdir, se perdre dans les jeux de la consommation et du divertissement, seules échappatoires à même de pouvoir juguler l'angoisse et la solitude existentielle ? Il nous faut des efforts surhumains pour tenter simplement de rompre cette course, qui se fait en nous et malgré nous, vers le néant de notre humanité.

Comme tous les hommes et toutes les femmes qui sont venus avant nous, nous gardons le désir ardent d'affronter nos questions existentielles les plus profondes, et pourtant, malgré nous, nos gestes restent malhabiles, notre vue se brouille. Nous nous méprenons sur les voies de l'intériorité. Les médias, il est vrai, ont déjà perverti l'enjeu réel de la méditation et de son approche de la grandeur, ou tout simplement l'ignorent, la présentant comme une technique de bien-être. Plutôt que de comprendre l'angoisse et son pourquoi, nous cherchons de nouvelles techniques pour la canaliser. Quant à entrer dans une relation du cœur, cela paraît totalement incongru. Cela ne peut être que supercherie. Enseigner la grandeur paraît dès lors comme une gageure impossible, elle n'en est que plus nécessaire. Fabrice Midal, jeune enseignant bouddhiste français, inspiré par l'œuvre incandescente du maître tibétain Chögyam Trungpa (1939-1987), réfléchit sur le nihilisme insidieux à l'œuvre dans les esprits. Il écrit dans son dernier ouvrage :

> *La tâche propre au bouddhisme est, dans cette situation difficile, de proclamer avec intrépidité que sans ce silence qui sauvegarde le possible comme possible, sans être capable de la patience et de l'attente seules à même d'ouvrir ce qui est fermé, sans préserver cette déprise qui laisse être ce qui est dans sa propre dimension, aucune existence n'est possible, aucune vie en commun ne peut être préservée. Notre nihilisme repose précisément sur le refus de la limite et la négation*

> *acharnée de la grandeur. Le réel est pour lui ce qui est contrôlable par l'esprit humain, la vérité ce qui se mesure par les succès qu'elle permet*[43].

Beaucoup, aujourd'hui, font l'expérience de la méditation, certains l'arrêtent immédiatement, d'autres la continuent. Pour quelles raisons ? Pour les premiers, la méditation n'était vraisemblablement pas conforme à leurs attentes : personne ne leur avait dit que l'expérience pouvait être physiquement ou psychologiquement pénible, loin de ce qu'en disent les magazines en vogue ; ou bien ils n'avaient pas compris qu'il s'agissait d'un enseignement bouddhiste ; parfois pour des raisons plus triviales, les horaires proposés par tel ou tel centre n'étaient simplement pas compatibles avec leur emploi du temps. Pour les autres, les raisons sont inverses : tout cela paraît conforme à leurs attentes. Au fond, rien que de très normal, l'attrait et l'évitement. Le rôle de l'enseignant est de montrer, face à l'une et l'autre attitude, qu'on n'est encore qu'au premier pas. Si l'enseignant ne fait que déplaire par ses enseignements, il échoue ; s'il ne fait que plaire, il échoue tout autant. Lorsqu'on entre dans le chemin de la grandeur, les seules vraies questions à se poser sont : ai-je touché l'esprit large, joyeux, tendre qui vit en moi ? Cet esprit existe-t-il réellement ? Ai-je bouleversé les fonctionnements intérieurs qui m'empêchent de le laisser vivre ? L'éveil : est-ce juste un concept vendeur ou est-ce autre chose ? Non pas se les poser superficiellement, mais réellement, profondément, jusqu'à répondre oui ou non. Dites-vous oui ? Continuez ! Dites-vous non ? Arrêtez ! Le reste n'est pas très important. En général, on fonctionne sur le mode du jugement, si l'enseignant est alerte, sait bien parler, dit des choses plaisantes, c'est un bon enseignant. Au contraire, s'il est peu intéressant, l'enseignant est nécessairement mauvais. On a toujours plein de choses à dire sur l'enseignant, mais que peut-on dire de vrai sur soi ? Est-ce que je sais, non sur un mode intellectuel, mais réel, vivant, ce que signifie lâcher prise ? Un enseignement authentique doit inviter non à suivre ses fonctionnements habituels, ses « j'aime », « j'aime pas », mais à les explorer, les sonder à la racine. Lorsqu'un jugement apparaît, *qu'est-ce* qui apparaît ?

CHAPITRE 4

Comment penser l'impensé ?*

* Cette section s'inspire largement du fascicule *Zazenshin*, *Précis de méditation assise*, de Dôgen, inclus dans son *Shôbôgenzô*, et des commentaires de ce même fascicule par Senne et Kyôgô, deux de ses disciples immédiats, jusqu'à parfois simplement les paraphraser. Elle pourra étonner le lecteur, qui la sautera, si nécessaire.

> *Une fois que le maître Yaoshan Weiyan était assis, un moine lui demanda : « À quoi pensez-vous ainsi immobile ? » Le maître répondit : « Je pense l'impensé. » « Comment pense-t-on l'impensé ? » Le maître répondit : « Ce n'est pas penser. »*
>
> *Recueil de la transmission de la lampe de l'ère Jingde*[44]

Longuement médité et commenté par le maître zen Dôgen, ce bref échange extrait du *Recueil de la transmission de la lampe* est devenu dans l'école sôtô japonaise comme la quintessence du zen, le plus intense des *kôan*. Dans ces quelques phrases, se dessine l'image de la méditation en son immobilité. Le maître zen s'assied sans parler, sans bouger, sans penser. Il s'agit de Yaoshan, le « Mont de Médecine » (745-828), l'un des principaux disciples de Shitou, la « Tête de Pierre » (celui-là passait son temps à méditer sur une éminence rocheuse, ce qui lui valut cet étrange surnom). La lignée de l'école sôtô descend de ces deux anciens maîtres chinois. Yaoshan était réputé pour son caractère âpre. Dans ce dialogue, le moine, lui, n'est pas nommé. L'indétermination renvoie finalement à l'universalité de la question. Ce n'est pas simplement un moine qui interroge l'immobilité, c'est également moi, c'est vous, face à cette assise immobile qui nous questionne tout autant qu'elle questionnait ce moine anonyme.

L'échange se déploie dans une série de paradoxes. Le moine interroge : « À quoi pensez-vous ainsi immobile ? » Une première contradiction apparaît déjà ; la pensée, toujours mouvante, ne s'oppose-t-elle pas à l'immobilité ? Le moine sait bien qu'un méditant n'a pas de sujet de méditation, il ne pense pas *à* quelque chose. Puis Yaoshan répond : « Je pense l'impensé. » Deuxième contradiction, le propre de la pensée n'est-il pas de penser le pensable ? Enfin : « Comment pense-t-on l'impensé ? – Ce n'est pas penser. » Troisième contradiction, il y aurait un penser qui ne serait pas penser. L'un et l'autre, le moine et Yaoshan, nouent ensemble l'écheveau de la pensée. Saurons-nous le dénouer ?

Le dialogue articule trois termes : *shiryô*, « la pensée » (ou « penser », selon que l'on entend un substantif ou un verbe), *fushiryôtei*, « l'impensé », et *hishiryô*, « ce n'est pas penser ». *Shiryô* est formé en chinois de deux caractères, *shi* 思, « penser, réfléchir, se souvenir, désirer », et *ryô* 量, « mesurer, évaluer » : la pensée sous son double aspect de recollection et d'ordonnancement. *Fushiryôtei*, l'impensé : sous ce terme, le zen ne désigne pas une absence de pensée, plutôt ce qui n'est pas encore pensé, l'antériorité de toute pensée, son fond. Le maître répond : *Hishiryô*, « ce n'est pas penser ». Ce fond n'est pas accessible par la pensée, car en pensant nous nous mouvons toujours dans le domaine de la pensée. Pourtant, le mouvement doit partir de la pensée, non pour penser une extériorité, mais pour aller à rebours et toucher ce fond d'impensé. Yaoshan le dit : « Je pense l'impensé. » Et pour s'en retourner, il convient de s'immobiliser, de pénétrer par soi-même jusqu'au tréfonds de cette immobilité. Penser l'impensé ne laisse nullement entendre la volonté de donner un sens à la méditation, de la faire entrer dans l'ordre de la pensée. De l'interpréter. De se débattre avec des questions du genre : « Qu'est-ce que la méditation ? » Ou bien : « Qu'apporte-t-elle ? »

Poser un sens sur la méditation empêche l'inouï de se dévoiler. Et pourtant, ici même, dans ces pages, je l'explore, je la présente, serait-elle déjà entravée par ma propre pensée ? L'entreprise est paradoxale. Je dois me tenir en deçà de toute explication, rester sur la fine pointe du langage pour démontrer ce qu'implique l'immobilité. L'effort ne tient pas dans la mobilisation tout entière de la pensée. Je n'essaie pas de comprendre la méditation car je l'enfermerais aussitôt dans ma pensée ; je laisse plutôt la méditation me déprendre de la pensée. On ne peut finalement penser l'immobilité sans être invité à l'incarner. La réponse énigmatique de Yaoshan est une provocation à penser par nous-mêmes l'impensé, dans l'esprit et dans le corps. Yaoshan aurait pu simplement s'exclamer « je ne pense pas », fermant ainsi la discussion sur elle-même, mais il préfère nous jeter à la figure son « je pense l'impensé » qui entrouvre ce processus d'aller à rebours.

Dans notre quotidien, nous ne percevons que le perçu et non le mode de ce percevoir. Un tel mode ne peut s'atteindre qu'en se décollant de la quotidienneté. L'acte méditatif disqualifie pour un moment ce qui fait être le monde, en se détachant de sa propre adhésion au monde. Le mouvement est second, je me détache car

On demanda au maître Linji Yixuan : « Quelle était l'idée de Bodhidharma en venant de l'ouest ? » Le maître dit : « S'il avait eu une idée, il n'aurait même pas pu se sauver lui-même. » « S'il n'avait pas d'idée, comment le second patriarche obtint-il la loi ? » Le maître dit : « Obtenir, c'est ne pas obtenir. » « Si c'est ne pas obtenir, quelle est l'idée de la non-obtention ? » Le maître dit : « C'est parce que vous ne pouvez reposer votre esprit qui court en tous sens qu'un maître-patriarche a dit : "Hé, mon vieux, il cherche sa tête avec sa tête !" À ces mots, inversez vous-même le regard et retournez la lumière, sans plus rien rechercher d'autre. Si vous savez que rien ne vous différencie des bouddhas et des patriarches, vous êtes immédiatement sans affaire. C'est ce qu'on appelle obtenir la loi. »

Entretiens de Linji[45]

j'étais attaché. S'asseoir tient de l'arrêt, on s'arrête de marcher, de courir en tous sens, d'investir le monde, on rompt ce flux de recollections-ordonnancements qui, d'instant en instant, constitue notre être au monde. On s'immobilise avec cette attitude, non de penser le pensable mais bien au contraire de penser un impensé. Selon une formule classique, « on inverse le regard et on retourne la lumière », *ekô henshô.*

En méditant, nous n'entrons pas dans une sorte de chaos informe. Pouvoir demeurer immobile, même un instant, demande bien des confiances. Par exemple, je dois toujours être certain que je peux m'asseoir sans danger, que l'espace comme le temps que j'investis dans ce moment que je consacre à la méditation garantissent ma sécurité. La certitude que le sol ne se dérobera pas sous mes pieds, que les murs ne s'effondreront pas sur moi, ne sont pas des évidences conscientes, elles sont pourtant nécessaires. Pouvoir se projeter dans la vie demande une assurance que les êtres animés et même le monde inanimé pourront tenir leur promesse, qu'ils ne sont pas simplement des éléments d'un chaos en éruption permanente. Au-delà même d'une confiance dans une cohérence spatio-temporelle, un sentiment de sécurité existentielle doit perdurer ; mon identité comme celle du monde sont des évidences qui doivent être solidement ancrées dans mon expérience d'être vivant. Nous pouvons réfléchir, douter de l'identité, mais notre conscience d'exister, elle, ne doit jamais douter, sans quoi, au bord d'une dislocation imminente, la terreur nous empêcherait de nous tenir assis. Ce sentiment de sécurité existentielle forme le

Le maître Yunmen Wenyan monta en salle tandis qu'on entendait sonner la cloche. Il dit alors : « Le monde est si vaste, pourquoi revêtir la robe monacale à sept bandes au son de la cloche ? »

Entretiens de Yunmen[46]

fond naturel de notre conscience au monde. Ce fond-là demeure inconscient mais ne disparaît en rien dans la méditation, elle en est même sa condition. Au demeurant, nous sommes d'autant plus affermis dans l'existence que nous pouvons alors véritablement l'engager et la risquer. L'expérience du lâcher-prise requiert l'intrépidité, mais également la plus totale confiance en soi. « En soi » désigne toutes les couches de notre identité, des plus conscientes aux plus inconscientes, jusqu'au sentiment enfoui de sécurité fondamentale que rien en nous ou autour de nous ne se disloque en permanence[47].

La fin de la méditation est marquée par un coup de cloche. Lorsqu'elle sonne, je reconnais immédiatement le bruit et je sors de la méditation. Un cadre et une attente ont bien demeuré. Mais cette attente-là n'est pas dirigée vers un objet, elle existe sous un mode préréflexif. Je sais toujours qu'il y a un avant et un après de la méditation – y compris pendant. Dans cet espace, quelque chose peut surgir, un bruit par exemple. Je l'entends et je le reconnais. L'alternative est simple : soit un processus cognitif se déclenche à partir de ce bruit, la pensée se met alors à penser ; soit rien ne se fait, je n'induis aucune réaction ou enchaînement. Du bruit, alors, je ne peux rien dire, tous les prédicats sont de trop ; bien sûr, je pourrais toujours le qualifier, mais là, exactement là, dans cette expérience auditive, je ne prends en rien l'offre qui m'est adressée. Je laisse l'expérience m'échapper. Elle est là, mais elle n'est plus mienne. Je sais que je pourrais toujours réagir, mais je ne le fais pas. Je me fie au seul code d'une cloche qui

La méditation assise permet directement d'éclairer la terre de l'esprit et de demeurer tranquillement dans sa condition originelle. On l'appelle la révélation du visage originel ou la découverte du paysage du pays natal. Le corps et l'esprit, tous deux, s'y dépouillent. Les positions assise et allongée en sont l'une et l'autre bien éloignées. C'est ainsi que, sans penser ni au bien ni au mal, on dépasse aisément l'ordinaire et le saint, on traverse les considérations sur l'illusion et sur l'éveil, on abandonne les séparations entre les êtres égarés et les éveillés. On s'y repose des milliers de préoccupations, on y délaisse toutes les relations, sans rien faire, les six facultés au repos.

Keizan, *Recueil des points à observer dans la méditation assise*[48] sonne ou non. Bien sûr, si le bruit était l'annonce d'un danger immédiat, nul doute que je sortirais alors de ma méditation. Une évaluation permanente reste encore subtilement à l'œuvre : un fond inaperçu demeure, qui nous empêche, fort heureusement, de nous disloquer. Quand la cloche sonne, je sais toujours reconnaître le bruit et je sais toujours que la méditation est terminée. S'il n'y avait plus ni monde ni soi, où pourrait donc sonner la cloche ? Je m'absente pour un moment du monde, mais je n'en disparais pas.

Si ma conscience n'a plus de forme, si je ne pense pas *à* quelque chose, un fond continue d'exister. C'est en me détachant de ce fond, en l'oubliant, en le laissant au fond justement, que je me fais sujet engagé dans le monde, que je m'y projette et que je le pense. Dans le silence intérieur, dans l'immobilité, je retourne au contraire le regard et j'éclaire ce fond. Comme l'écrivait le maître Keizan Jôkin (1268-1325) dans sa phrase inaugurale de son *Recueil des points à observer dans la méditation assise*, un célèbre traité de méditation zen : *« La méditation assise permet directement d'éclairer la terre de l'esprit* (shinchi). » Au fur et à mesure que cette terre s'éclaircit, tout ce qui constitue la singularité de mon existence personnelle s'efface doucement. Un absolu se dévoile, il me constitue et pourtant il ne m'appartient pas. L'entreprise de penser l'impensé œuvre finalement dans un écart entre la parfaite adhésion et la parfaite séparation du monde. C'est dans cet écart que l'on médite, littéralement suspendu : pensée et impensé se tiennent solidairement. Nous connaissons tous ces moments d'écart fugaces où nous nous trouvons comme

Sachez en vérité que le monde entier de l'assise est bien loin des autres mondes. On confirme la résolution, la pratique, l'éveil et le nirvâna *des bouddhas et des patriarches en éclaircissant ce principe. Examinez si, au moment précis où l'on s'assoit, le monde entier est verticalité ou horizontalité ? À cet instant précis, qu'est-ce que cette assise ? Est-ce une envolée ou un frétillement ? Penser ou ne pas penser ? Faire ou ne pas faire ? Est-ce s'asseoir dans l'assise ou s'asseoir dans le corps et l'esprit ? Est-ce s'asseoir dépouillé de telles assises ? Il doit y avoir mille et dix mille interrogations de ce genre. Asseyez-vous dans la posture corporelle du lotus. Asseyez-vous dans la posture mentale du lotus. Asseyez-vous dans la posture du lotus où le corps et l'esprit sont dépouillés.*

Dôgen, *Le Samâdhi roi des samâdhi*[49]

suspendus, entre-deux et nulle part, ces moments que l'on appelle d'absence : il n'y a rien, et précisément c'est comme s'il y avait tout.

« Je mets en ordre le moi et je le regarde comme le monde entier » (Dôgen, *L'Être-temps*[50]). Par cette phrase lapidaire extraite de l'un de ses textes les plus audacieux consacré à la temporalité, Dôgen entend signifier que l'identité et le monde que j'appréhende se trouvent constitués par un mouvement de mise en ordre. La méditation, elle, ne conduit pas à un désordre, je me contente simplement d'éprouver l'antériorité de toute mise en ordre. Dans l'immobilité, les rapports se distendent, se modifient, s'opacifient, les séparations, les hiérarchies s'estompent, un autre noyau d'expérience se fait jour. Lorsque je me relève, tout reprend sa place, moi et le monde tel que je l'ai toujours vécu et perçu. Est-ce à dire que cette pratique de l'écart tiendrait de l'inutilité absolue ? À quoi sert, selon la métaphore zen, « d'allumer une lampe en plein jour », *nichigo ni tô o tenzu* ? L'exercice est inutile, en effet, puisqu'il va à rebours de toutes nos attentes, et pourtant il nous convertit à un nouvel art de vivre. Un jeu apparaît dans les rouages de nos constructions. À force de ne rien faire, nous apprenons la joyeuse perplexité.

Comme il se donne avant toute réponse, le questionnement est nécessairement de l'ordre de l'étonnement. Interroger un objet n'est plus le saisir dans sa plénitude tautologique, on ouvre un écart, prenant l'objet non pour ce qu'il est, mais pour ce qu'il laisse entendre. Sans le savoir, on y entend un impensé. La méditation n'est pas, en ce sens, un état de quiétude, on dirait plutôt une in-quiétude. On ne demeure pas dans l'engourdissement du même, là où la pensée resterait pensée, là où la non-pensée resterait tout autant non-pensée, mais on approfondit, précisément en écartant la pensée et la non-pensée. Méditer est bien une manière de se tenir dans l'entre-deux de la perplexité. Le caractère du préfixe négatif *hi* 非, de *hishiryô*, qui a le sens de « ce n'est pas, il ne s'agit pas », est un pictogramme stylisé qui représente deux hommes dos à dos. *Hishiryô* renvoie dos à dos la pensée comme la non-pensée. Mais revient en nous, lancinante, la question du moine : « Comment penser l'impensé ? » En chinois, la phrase originale, ramassée sur elle-même, est formée de la juxtaposition de trois termes « impensé + comment + penser », où l'interrogatif, dans sa place médiane, sépare et relie les deux termes entre eux. Dans le mouvement de la pensée, la question ouvre une béance au sein même de la pensée. On y répond en refermant la question par une réponse. Une autre façon de *faire* serait de rester dans la dimension de l'interrogatif, du comment, du qu'est-ce que, et justement de ne pas répondre pour résoudre la tension. Il ne s'agit même pas de suspendre simplement son jugement qui, finalement, reviendrait à une sorte de détente. Mais de rester in-quiet.

Il nous faut de la force pour penser ce qui se trouve au plus près de nous, à savoir l'impensé. On préfère le lointain, ce que l'on pense au quotidien, ce que l'on perçoit par les sens et auquel nous répondons par la représentation. Le proche est au plus intime, et c'est l'impensé. C'est bien cela, au fond, qu'il convient de penser, car le mouvement naturel est celui qui nous porte vers l'objet, non vers son impensé. Cet effort-là ne paraît pas naturel. Et pourtant, qu'est-ce qui est plus proche de moi que la pensée qui surgit ?

CHAPITRE 5

Ce mot de « bouddha »

Voyez ! Voyez !

> *Un jour, le maître Wuyun Zhifeng monta en salle. Après être resté silencieux un moment, il dit : « Vous tous, voyez ! Voyez ! » Sur ce, il descendit de son siège et retourna à ses appartements.*
>
> *Recueil de la transmission de la lampe de l'ère Jingde*[51]

Même s'ils profèrent des paroles, et ils doivent bien en dire, même s'ils griffonnent des phrases, et ils doivent bien en écrire, les hommes du zen regardent inlassablement par-delà les concepts, les formes et les mots. Ils ne vous proposent pas des théories à étudier, à soupeser, à discuter ou à épouser. Ils ne cherchent pas à vous convaincre ou à vous séduire. Ils vous invitent seulement à expérimenter le réel. Par vous-mêmes, dans votre chair. Ils vous invitent à voir ! À voir ! Rien d'autre. Est-ce si difficile ?

Les livres consacrés au zen ont généralement une trame assez convenue : ils exposent une histoire, la séparation des écoles au fil des siècles, les différentes techniques de méditation, les rites, son influence sur l'esthétisme japonais, etc. Dans ce genre d'ouvrages, le désir incandescent des hommes de creuser en eux-mêmes un chemin d'intériorité est le plus souvent tu – à vrai dire, comment pourrait-on l'appréhender ? Les auteurs s'en tiennent donc à ce qui frappe leur regard, c'est-à-dire les traces. De loin, en effet, seul semble visible un corpus de doctrines, de textes et de rituels. Mais en pointant la lune du doigt, voit-on la lune ou simplement le doigt qui la pointe ? Quiconque a un tant soit peu côtoyé ces hommes sait bien que le zen ne peut pas être un *objet* de pensée qui se laisserait si facilement circonscrire par des exposés. Bien sûr, pour qui veut acquérir des connaissances, ce genre d'ouvrages est non seulement utile, mais d'un intérêt indépassable. Cependant, leurs lecteurs sont-ils à même d'entendre la radicalité de la proposition faite : tous ces hommes nous ordonnent de faire irruption dans le réel à vif. Pour eux, le zen n'est sûrement pas une histoire, des écoles, ni même une doctrine. Le zen n'est qu'une désignation, à peine un nom pour l'expérience d'une vie qui s'éveille à chaque instant.

Identifier ou réduire le zen à une doctrine ou à quoi que ce soit qui ressemblerait à un système le trahit. Lorsque la pensée vise à faire système, à se clôturer sur elle-même, elle se retire du monde vivant pour mieux l'expliquer ; elle se fige. Elle peut alors s'opposer à d'autres systèmes de pensée, argumenter, préciser ses points de vue dans la dialectique infinie du pour et du contre. Mais les hommes du zen n'ont aucun point de vue qui les tiendrait à distance du monde : ils se contentent de s'immerger en lui.

Précisons immédiatement qu'il ne s'agit pas ici de critiquer la pensée, bien au contraire, mais je dois penser comme je dois respirer, c'est-à-dire d'une manière vivante. L'art véritable de la pensée demeure dans le pouvoir de rester ébranlé par le réel, de s'en élever pour mieux y répondre et inlassablement y replonger. Lorsque nous sommes défaits par le réel, par les épreuves qu'il nous donne à vivre au détour de l'instant, la sidération nous saisit dans toute l'épaisseur de notre être, nous en avons tous fait l'expérience. En un instant, la pensée est anéantie. Nous sommes muets, non pas d'un silence habité, mais d'un silence vide – *à* vide. Elle doit alors sourdre à nouveau, frayer son chemin à même l'expérience pour nous tenir vivants. Mais la pensée possède également cette faculté de pouvoir se séparer de la réalité, de s'arc-bouter sur ses vérités ou de se momifier dans l'intellectualisme. Rejetant l'hébétude et la cogitation, la pensée authentique devrait pouvoir penser ses propres pièges, savoir comment elle peut s'enferrer dans d'invisibles rets. Elle doit pouvoir s'excéder elle-même. Dans son ouverture au réel, elle reste nécessairement inachevée [52].

La voie de l'Éveillé

Le terme de bouddhisme devrait être manié avec une certaine précaution. L'employer présuppose un système de pensée cohérent, à même de nous expliquer ce que nous sommes et toutes ces choses que l'on appelle le monde. Mais il nous faut bien entendre que l'emploi d'un tel mot permet simplement de situer un objet de

Dans une instruction collective, le maître Zhaozhou Congshen dit : « Ce mot de "bouddha", je n'aime pas l'entendre. »

Entretiens de Zhaozhou[53]

pensée, ici dénommé « le bouddhisme », dans le domaine des idées, et rien de plus. Tout livre qui s'écrit aujourd'hui sur le bouddhisme semble devoir prendre part à la querelle des définitions, et inévitablement aborder plus ou moins explicitement des questions liminaires telles que : le bouddhisme est-il une religion ? une philosophie ? une psychologie ? etc. L'entreprise est louable : l'objectiver pour mieux le comprendre et par là même le ranger, le comparer et le situer dans le domaine des idées. Mais on pourrait être plus radical dans le questionnement, non pas se demander ce qu'est le bouddhisme, mais bien se poser la question de son existence : l'objet-dénommé-bouddhisme n'est-il pas finalement une construction de l'esprit ? Une telle question peut sembler ridicule car ce sont bien les bouddhistes eux-mêmes qui paraissent le mieux expliquer et enseigner leur tradition. Mais peut-être est-on bouddhiste en croyant simplement qu'il existerait quelque chose comme du bouddhisme. Insistons : le bouddhisme existe-t-il vraiment, ou est-ce simplement une vue de l'esprit ? Ou bien encore une vue de l'esprit existe-t-elle ? D'ailleurs, qu'est-ce qu'une vue de l'esprit ? On pourrait approfondir et multiplier ce genre d'interrogations. Les hommes du zen s'y sont exercés plutôt que de se préoccuper du statut du bouddhisme dans le domaine des idées. L'enjeu était crucial : comment s'éveiller en cette vie ?

L'emploi du mot relève de la chausse-trape. Le néologisme date du début du XIXe siècle. Il s'agissait alors d'identifier et d'embrasser sous un même terme un ensemble de doctrines, de rites et d'écoles se référant tous à un certain Bouddha dont, jusqu'alors, on ne percevait guère la parenté. Ainsi naquit le bouddh-*isme*. Les Chinois et les Japonais parlent, eux, de « l'enseignement du Bouddha », *buppô*, ou de « la voie du Bouddha », *butsudô*. Le glissement peut sembler infime, et pourtant, réduire cet enseignement à un système de pensée (un *-isme*) ne génère-t-il pas une certaine confusion ? Tout système de pensée nous met à distance du réel, sans quoi il ne pourrait l'expliquer. Il traque sa propre incohérence ; tant qu'il n'est pas mis en défaut, il reste valide. Au cours des siècles, des bouddhismes se sont effectivement construits comme des théories complexes de la réalité. Ils se sont élaborés, affinés, parfois affrontés, mais la voie du Bouddha porte en elle bien autre chose qu'une simple théorie ou doctrine. Elle porte en elle un savoir-faire (autre sens de *buppô* : « la méthode du Bouddha »), et ce savoir-faire est ouverture au réel, ouverture à l'esprit insaisissable.

Demandons-nous même si l'emploi du mot « bouddhisme » n'obture pas subtilement l'échappée que nous montrent tous ces hommes du zen, en nous donnant à croire que nous pourrions nous contenter d'adopter, nous autres Occidentaux, un *autre* système de pensée qui nous satisfasse plus, moins passéiste que d'autres systèmes religieux, et néanmoins bien plus spirituel que tous les matérialismes connus. S'affirmer bouddhiste revient parfois, explicitement ou implicitement, à s'affirmer contre d'autres idéaux religieux, philosophiques ou spirituels. Argumenter, se confronter, affirmer, nier. Devenir bouddhiste est bien aujourd'hui dans l'air du temps : une religion sans Dieu, voilà qui plaît. Mais est-ce cela faire *réellement* l'expérience du bouddhisme ?

À dire vrai, la voie du Bouddha ne peut se réduire à un système de pensée destiné à nous conforter, à nous rassurer (si nous y croyons), ou, inversement, à nous irriter, à nous défier (si nous n'y croyons pas).

Question : si je suis bouddhiste, est-ce que j'adhère à un système de croyances, comme la loi du *karma*, la transmigration, etc. ? C'est-à-dire : est-ce que je me projette dans de nouvelles pensées auxquelles je vais m'identifier, que je vais m'approprier, est-ce que je convertis mes croyances en d'autres croyances ? Ou bien alors, si la voie du Bouddha me pénètre totalement, est-ce autre chose, du genre : est-ce que je saurais retourner mon regard, penser l'impensé, ou tout simplement comprendre ce que signifie croire ?

Vous ne pouvez pas vous convertir au bouddhisme. Le bouddhisme, tant qu'il reste perçu, vécu comme un simple système explicatif, n'est en rien la voie de l'Éveillé. Non, il ne s'agit pas d'adopter de nouvelles grilles de lecture à la place d'autres, de croire à la réincarnation plutôt qu'à la résurrection. C'est tout le contraire. Il faut tout laisser s'écrouler et faire l'expérience directe du dépouillement et de la nudité. En vérité, le bouddhisme n'existe pas. Ce n'est qu'un mot qui, pris trop au sérieux, devient source d'enjeux et d'affrontements.

Il n'y a rien à obtenir

Dans le zen, comme dans toutes les traditions de la grandeur (le Grand Véhicule), le *Sûtra du Cœur*, en japonais

LE SÛTRA DU CŒUR DE LA PRAJÑÂ PÂRAMITÂ

Lorsque le bodhisattva *Seigneur-de-la-contemplation pratique la profonde* prajñâ pâramitâ, *il voit que les cinq agrégats sont tous vides et se libère de toutes les souffrances. Shâriputra, les formes ne sont pas différentes du vide, le vide n'est pas différent des formes, les formes sont vides, le vide est les formes. Il en va de même des sensations, des perceptions, des constructions mentales et des consciences. Shâriputra, tous ces éléments ayant l'aspect du vide, ils ne naissent ni ne disparaissent, ils ne sont ni souillés ni purs, ils ne croissent ni ne décroissent. C'est pourquoi, dans le vide, il n'y a pas de forme, non plus de sensation, de perception, de construction mentale ni de conscience. Il n'y a pas d'œil, d'oreille, de nez, de langue, de corps ni de mental. Il n'y a pas de forme, de son, d'odeur, de saveur, de tangible ni d'élément. Il n'y a pas de domaine du visuel et ainsi de suite, jusqu'à il n'y a pas de domaine de la conscience mentale.*

Il n'y a pas d'ignorance et non plus de cessation de l'ignorance et ainsi de suite jusqu'à il n'y a pas de vieillesse ni de mort et non plus de cessation de la vieillesse et de la mort. Il n'y a pas de souffrance, d'origine, d'extinction ni de chemin. Il n'y a pas de connaissance et non plus d'obtention car il n'y a rien à obtenir. Comme le bodhisattva *s'appuie sur la* prajñâ pâramitâ, *son esprit ne connaît plus d'obstacle et, comme il est dénué d'obstacle, il n'a plus de peur. En se déprenant des méprises et des pensées illusoires, il accède au* nirvâna. *Comme les bouddhas des trois temps s'appuient sur la* prajñâ pâramitâ, *ils obtiennent l'*anuttara samyak sambodhi. *Sache donc que la* prajñâ pâramitâ *est la grande formule magique, la grande formule du savoir, la formule suprême, la formule inégalée qui permet de supprimer toute souffrance, qui est vraie et non pas vaine. C'est pourquoi j'enseigne la formule de la* prajñâ pâramitâ. *J'enseigne ainsi la formule :* « Gate, gate, pâragate, pârasamgate, bodhi, svâhâ ! » [54]

Hannya shingyô, est un texte essentiel. On le psalmodie en toutes occasions, que ce soit au Japon, en Corée, au Vietnam ou en Chine. Les écoles tibétaines le récitent également, mais dans une version élargie qui ne correspond pas exactement à la version chinoise. Le texte, qui tient en quelques lignes, est un condensé (le cœur donc) de l'imposante littérature dite de la *prajñâ pâramitâ* – un terme que l'on pourrait traduire par « l'intelligence des éveillés » – forte de milliers et de milliers de pages. Il s'agit des plus anciens textes sur la grandeur, composés en Inde voici deux millénaires. Ils proclament la doctrine inouïe de la vacuité : tout est vide ! Vide de quoi ? Vide d'essence propre, disent-ils.

Ce *Sûtra du Cœur* se présente sous la forme d'une adresse à Shâriputra, l'un des dix grands disciples du Bouddha. Généralement, un *sûtra* relate un enseignement donné par le Bouddha lui-même. Mais qui enseigne ici ? Est-ce bien le Bouddha Shâkyamuni lui-même ou le *bodhisattva* Avalokiteshvara, qui est nommé dès la première ligne (« Seigneur-de-la-contemplation » rend le sanskrit Avalokiteshvara) ? La seule lecture du texte ne permet guère de lever l'indécision. Fort heureusement, une version élargie conservée dans le canon chinois, intitulée *Le Sûtra de la Prajñâ pâramitâ mère sainte des éveillés*, précise les circonstances de cet enseignement. Le Bouddha Shâkyamuni se trouvait alors, rapporte ce second texte, au pic des Vautours, au milieu d'une vaste assemblée, 1 250 êtres sont au total dénombrés ! Le Bouddha entra dans une profonde concentration et, au même moment, comme par osmose, Avalokiteshvara, qui se trouvait dans l'assemblée et *« qui avait pu s'exercer dans la profonde* prajñâ pâramitâ, *vit que les cinq agrégats sont tous, dans leur nature propre, vides».* Shâriputra s'adressa alors à Avalokiteshvara et lui demanda : *« Comment un fils ou une fille de bonne famille qui se réjouit et veut pratiquer la méthode de la profonde* prajñâ pâramitâ *peut-il s'exercer ? »* Et Avalokiteshvara de répondre. La version commune du *sûtra* utilisée en Extrême-Orient omet la question initiale de Shâriputra.

Avalokiteshvara ne répond donc qu'à cette seule interrogation : « Comment s'exercer, comment pratiquer ? » Il y a plus que de l'audace, comme de la folie presque, dans sa proclamation. Car celui-ci abat, l'une après l'autre, toutes les vérités essentielles du bouddhisme. En quelques lignes, il nie successivement l'existence des « dix-huit sphères », pourtant au cœur de la compréhension bouddhiste de l'esprit (les dix-huit sphères désignent les six organes des sens, les six objets des sens et les six consciences qui leur sont attachées), l'existence des douze éléments de la coproduction conditionnée, pour finalement nier les quatre nobles vérités, le cœur du premier enseignement du Bouddha délivré au parc des Daims, sous cette forme ramassée à l'extrême (cinq caractères dans le texte chinois) : « Il n'y a pas de souffrance, d'origine, d'extinction ni de chemin. » Avalokiteshvara clôt finalement cette série de dénégations par la formule : « Il n'y a pas de connaissance, il n'y a pas d'obtention car il n'y a rien à obtenir », *muchi yaku mutoku, i mushotoku ko.* La coproduction conditionnée et les quatre nobles vérités ne passent-elles pas pour les vérités premières du bouddhisme ? Quelle est donc cette puissance qui pousse Avalokiteshvara à les nier ?

CHAPITRE 5

Comme être humain, nos questions les plus fortes, celles qui nous mettent aux prises avec l'existence, ont besoin de trouver leurs réponses. Le monde doit se dévoiler à nous dans une plénitude de sens : que rien de fondamentalement questionnable ne demeure indéterminé. Sinon, l'insensé continuera son travail de sape, nous tenaillant sans cesse, jour après jour. Le Bouddha se met en route dans la conscience initiale de ses peurs et de ses angoisses, celles de tout être humain, la mort, la vieillesse, la maladie, la souffrance. Elles l'ont amené non seulement à questionner, mais à rechercher des maîtres de vérité, ceux qui pourraient répondre à ces questions béantes comme des plaies ouvertes. La perception de la souffrance ouvre comme un « pourquoi ? » infini. Seules des réponses de vérité pourront refermer la plaie qui suinte et fait mal.

Les quatre nobles vérités annoncées par le Bouddha se présentent à la manière médicale, d'abord le diagnostic, puis la thérapie. On peut les résumer brièvement de la façon suivante : première vérité : il existe un mal-être ; deuxième vérité : il existe une origine à ce mal-être ; troisième vérité : il existe un bien-être qui éteint le mal-être ; quatrième vérité : il existe une voie pour réaliser ce bien-être. Les quatre nobles vérités peuvent, dans leur progression, dans leur logique, dans leur manière de poser et de résoudre le problème, nous satisfaire. Mais que satisfont-elles au juste, sinon ce besoin de réponse qui nous étreint ? La pensée s'ordonne et donne enfin sens à ce magma insensé que l'on appelle détresse. Une lueur d'espoir a surgi. Mais finalement, lorsqu'on se contente de les lire, de les accepter, les quatre nobles vérités se déploient dans l'ordre d'une pensée extérieure à nous-mêmes. Elles apparaissent comme des principes, parlons même de dogmes, que l'on peut ou bien accepter ou bien refuser. Ces vérités, l'une après l'autre, et du fait même qu'elles s'enchaînent, deviennent autant de formules que chacun peut à loisir étudier, discuter, approuver ou contester.

Pourtant, la volonté de s'investir dans les objets de pensée, comme solution au problème, *est* l'impasse. L'enseignement de l'Éveillé témoigne de deux modalités d'habiter le monde. On peut soit être porté vers l'extériorité, dirigé par les objets qui naissent à la conscience, soit au contraire, par une conversion intérieure du regard, les désobjectiver et découvrir ce qui les fait advenir. Le premier mode, qui n'est autre que le mode ordinaire de la conscience, est qualifié d'illusoire, au sens où l'on reste gouverné par ses perceptions immédiates, ses considérations, ses envies, ses répulsions, ses habitudes ; le second est qualifié d'éveillé, au sens où le soi peut s'ouvrir à une nouvelle dimension de lui-même, sans plus dépendre du procès habituel de la conscience, et expérimenter une liberté intérieure. Ce n'est plus l'objet mental que l'esprit poursuit, mais c'est l'esprit qui contemple la production de ses objets mentaux et les abandonne à eux-mêmes. L'espace méditatif est, par excellence, le lieu de cette réversion. La tradition de l'éveil considère qu'une mutation s'opère lorsque l'exercice est réel, total, lorsque le corps et l'esprit se dépouillent, *shinjin datsuraku*. Dôgen a traduit ce double mouvement dans une antithèse longuement méditée dans la tradition zen : *« L'égarement consiste à pratiquer et attester les dix mille existences en nous portant vers elles ; que les dix mille existences viennent nous pratiquer et nous attester est l'éveil » (L'Énigme en présence*[55]*).*

La pensée est utile, précieuse, indispensable même, et pourtant nous n'avons pas simplement besoin d'idées, mais d'une vie réelle et éclatante. Nous devons finalement apprendre l'art de retourner le regard vers l'intérieur. Dans son invitation, Avalokiteshvara déclôt la pensée, pour finalement asséner à Shâriputra qu'« il n'y a rien à obtenir », *mushotoku.* L'expression est célèbre. Elle pourrait également être traduite par « il n'y a rien à trouver », ou « il n'y a rien à acquérir ». Mais ne nous trompons pas sur le sens d'une formule si forte[56]. « Il n'y a rien à obtenir » est une critique adressée à ceux qui, comme Shâriputra, s'épuisent à croire en une réalité imaginaire. Au fond, Avalokiteshvara nous somme d'abandonner les dogmes, les credo, toutes les croyances qui prédéterminent et dictent nos attitudes. L'homme n'a pas à se conformer à la pensée, sa pensée doit seulement être l'expression de l'expérience, c'est-à-dire de la vie. Il dit : ne cherchez rien en dehors de votre expérience, c'est là que tout se tient, entrez-y, l'idée d'un monde meilleur est une belle idée, mais ce n'est encore qu'une idée ! Aucune réalité extérieure n'existe au-delà de ce qui est.

Dire qu'il n'y a rien à obtenir nous ramène à l'expérience des petits riens ordinaires. Les grandes idées n'ont que faire des petits riens, et pourtant ces petits riens forment la trame des jours. Avalokiteshvara nous

Le maître Yaoshan Weiyan écrivit le caractère « bouddha » et demanda à Daowu : « Quel est ce caractère ? » Wu dit : « bouddha ». Le maître dit : « Quel bavard tu fais ! »

Recueil de la transmission de la lampe de l'ère Jingde[57]

appelle à briser l'insatisfaction qui nous pousse, en dehors de l'instant présent, dans une quête infinie, à jamais inassouvie. Il propose de nous installer dans l'expérience de la réalité, non pas d'y songer mais de l'éprouver.

Dans son adresse à Shâriputra, Avalokiteshvara tranche à la racine toute volonté d'adopter le bouddhisme comme système. C'est une supplique à laisser de côté les théories et les principes. Plus que d'une pensée sophistiquée, nous avons besoin d'un véritable savoir, à même de bouleverser nos vies et de « transformer toute la terre en or », *daichi o henjite ôgon to nashi*, selon la belle expression zen. Il nous invite à renoncer à toutes les idées sur la sagesse pour tout simplement recommencer à vivre dans la joie du quotidien.

La marchande de galettes

On aime lire des ouvrages, les goûter, se les approprier, faire siennes leurs envolées, toutes ces embellies qui augurent d'un ciel azuré. Mais même le ciel bleu ne peut être découvert dans les livres. On ne lit que les mots « le ciel bleu ». Beaucoup pensent pratiquer le bouddhisme à force de lecture, de méditation ; pourtant, même s'asseoir peut continuer d'opérer dans la seule imagination. Il n'est jamais possible de répondre à la vie en emmagasinant des réponses. Nous devrions plutôt écouter comme la vie sait si bien nous défaire à chaque instant.

Avant de rencontrer le zen, le maître Deshan (780-865) avait longuement étudié les enseignements du Bouddha, les *sûtra*, et les codes disciplinaires, les *vinaya*. Il commentait publiquement le *Sûtra du Diamant*, un texte essentiel du Grand Véhicule. Son éloquence n'avait nulle égale. Comme son nom de famille était Zhou, on lui avait élégamment décerné le sobriquet de « Zhou, le roi du Diamant ». Un jour, le roi du Diamant entendit que l'école zen fleurissait dans le sud de la Chine. Il voulut alors gagner la communauté de Chongxin, un maître qui demeurait au lieu dit Longtan, « l'abysse des Dragons ». Comme à l'accoutumée, il prit avec lui les livres dont il ne se séparait jamais. Sur la route, une vieille femme vendait des galettes. Un petit creux au ventre, le moine s'approcha pour demander une collation (mot à mot en chinois, un « rafraîchissement de l'esprit » – la note est importante pour la compréhension de l'histoire). Mais la vieille dame l'interpella : quel pouvait être ce livre qu'il transportait avec lui ? « Le *Sûtra du Diamant* », répondit Deshan. La vieille femme lui rétorqua immédiatement : « J'ai une question. Si tu sais y répondre, je te donnerai ta collation, sinon tu n'auras qu'à aller ailleurs. La voilà : il est dit dans le *Sûtra du Diamant* que l'esprit du passé est insaisissable, que l'esprit du présent est insaisissable, que l'esprit du futur est insaisissable, quel est cet esprit que tu comptes rafraîchir ? » Deshan fut incapable de répondre : ni ses lectures ni son intelligence du bouddhisme n'étaient à même de relever le défi de la marchande de galettes – qui ne lui offrit, bien sûr, aucun rafraîchissement. La vie peut prendre les traits d'une vieille femme et nous défaire à chaque instant.

Voyez! Voyez!

Il serait vain de croire que l'on pourrait immanquablement se passer des rencontres, des formes, et vivre directement à même le réel. Les hommes du zen ont toujours cherché à s'éveiller par et contre les formes extérieures. Ils s'assemblaient en communautés de quelques dizaines d'individus, parfois quelques centaines, réunis autour d'un maître de vie. Leur apprentissage demeurait scandé par des temps de méditation et d'enseignement, certains ritualisés à l'extrême, d'autres plus informels. Il appartenait au maître de susciter cette entrée dans le réel en dépit du – ou grâce au – formalisme nécessaire de toute vie humaine. Périodiquement, l'abbé montait en chaire dans la « grande salle de la loi », *hattô*, le bâtiment central du monastère, devant tous les moines alignés. Ces « montées en salle », *jôdô*, n'étaient pas exemptes d'une certaine théâtralité. Mais justement, par la théâtralité, il est enfin possible de *voir* les masques, de les retirer, et même de se permettre de faire irruption hors de la scène.

Le maître zen Zhifeng demeurait sur le Wuyunshan, « la montagne aux Cinq Nuages ». L'histoire n'a même pas retenu les dates de sa naissance et de sa mort, tout au plus sait-on qu'il vécut au Xe siècle. L'une de ses montées en salle a été conservée. Déconcertante de brièveté, puisqu'il se contente simplement de s'exclamer : « Voyez ! Voyez ! » après un moment de silence (voir ci-dessus p. 123). Mais que dire d'autre à une assemblée en quête d'éveil ? L'appel de Zhifeng est une invitation désespérée à expérimenter le réel, à vivre totalement, en laissant tomber une fois pour toutes les idées sur sa propre vie, sur ce qu'elle est, sur ce qu'elle pourrait être. Nos idées, nos jugements, nos conceptions sont des outils pratiques, mais ils sont incapables de nous libérer par eux-mêmes. Car il s'agit précisément de se libérer de ses propres idées. Bien sûr, le mode « illusoire » de l'esprit, celui qui nous porte vers l'extériorité à travers nos concepts et nos jugements, ne s'éteindra jamais, et pourtant, grâce à cette expérience de la conversion du regard, toutes nos illusions pourront être bouleversées. Ni le moi ni le monde ne disparaîtront pour autant, mais ni moi ni le monde ne serons plus jamais les mêmes. Pour tout dire, le zen entend rejoindre ce réel vivant qui vit hors de l'imaginaire. Arrivé à ce point de l'exercice, je ne suis plus à distance du monde, j'y vis engagé.

CHAPITRE 6

Maître des secrets! Qu'est-ce que l'éveil?

L'éveil s'initie dans l'ouverture du cœur, il est établi dans la tendresse, il trouve son aboutissement dans l'habileté à être vivant

> *On demanda au maître Baizhao Zhiyuan : « Qu'est-ce que la voie ? » Le maître répondit : « Partout. »*

Recueil de la transmission de la lampe de l'ère Jingde[58]

Dans l'évocation d'un chemin, immanquablement se dessinent les images d'un point de départ et d'un point d'arrivée, des étapes se profilent comme autant d'avancées successives vers la destination finale. Pourtant, frayant à même l'instant, le chemin intérieur ne peut si facilement se fractionner et se délimiter. Il a ses mûrissements, ses ruptures, et parfois même ses régressions car il travaille à même la matière brute de la vie. Il est vie ! Comment accomplir pleinement ce chemin ? S'il faut l'énoncer avec puissance, disons-le sans détours : l'éveil s'initie dans l'ouverture du cœur, il est établi dans la tendresse, il trouve son aboutissement dans l'habileté à être vivant. Qui réalise cette triple dimension du chemin sait la vie éveillée. Le *Sûtra du Grand Lumineux*, le principal ouvrage du tantrisme sino-japonais, proclamait déjà à sa façon :

> *Le Bouddha dit : « L'esprit d'éveil est la cause, la compassion, le fondement, les moyens habiles, l'aboutissement. Maître des secrets ! Qu'est-ce que l'éveil ? C'est connaître son propre esprit tel qu'il est. »*[59]

Tous les textes indiens de la grandeur, comme ce *Sûtra du Grand Lumineux*, le *Sûtra du Lotus* ou encore le *Sûtra de Vimalakîrti*, composent une littérature de l'inouï où surabonde le merveilleux. Leurs héros, les *bodhisattva-mahâsattva*, qu'ils se nomment Mañjushrî, Samantabhadra, Avalokiteshvara ou Vimalakîrti, pour ne citer que les plus célèbres, témoignent d'une puissance surnaturelle qui leur permet de s'extraire de toutes les contingences pour mieux en jouer. S'agirait-il de croire ce que ces textes nous affirment : qu'il existerait quelque part, peut-être ici même, autour de nous, des êtres invisibles à nos yeux, capables de toutes les excentricités, de toutes les puissances, pour nous amener à « connaître notre propre esprit tel qu'il est » ? À dire vrai, cette littérature nous régale de ses histoires extraordinaires pour nous signifier avec force qu'un ailleurs se tient en nous-mêmes, si lointain et pourtant si proche. Nous sommes également des êtres d'éveil ! Le merveilleux tient à cela : un bouleversement reste possible dans les limitations de notre corps et de notre mental malades, dans notre histoire propre, au sein même de nos fantaisies et de nos idioties. Lorsqu'on les lit en profondeur, sans rester à la surface des mots, on s'aperçoit que ces *bodhisattva-mahâsattva* nous invitent de mille manières différentes à ouvrir notre cœur, à nous établir dans la tendresse, pour finalement nous encourager dans l'art délicat et quelquefois difficile de rester vivant.

Tous ces textes anciens dépeignent un héros qui entreprend un parcours qui l'emmènera de vie en vie, jusqu'à réaliser l'éveil suprême. Ce chemin puise dans une aspiration fondamentale : le *bodhisattva* s'établit, selon l'expression consacrée, dans « la pensée de l'éveil », *bodaishin* en japonais, *bodhicitta* en sanskrit. Cette pensée de l'éveil est une vocation à la vie. La promesse d'une vie nouvelle et authentique. Une telle aspiration n'a rien à voir avec la volonté d'apprendre, de connaître ou d'accumuler, pas plus qu'avec une quelconque volonté de se préserver, de se conforter ou de négocier. Dans l'ouverture, le cœur est dénué de telles intentions. Il est pure effusion. Dans l'ouverture, les mécanismes habituels sont rompus et une immense bonté peut jaillir. Et même si nos égarements se perpétuent et se répètent, ce jaillissement n'en finit jamais de produire ses effets. L'ouverture du cœur est joie. La ressentez-vous ? Comment vous nourrit-elle ? Voilà des questions fondamentales bien plus importantes que tous nos savoirs et toutes nos opinions.

L'exercice consistera à ne jamais laisser se refermer le prime jaillissement du cœur. Toujours quelque peu fragile, cette ouverture a besoin d'être affermie, développée encore et encore, sinon le jaillissement retombera de lui-même ; le vœu initial que l'on avait proféré se résorbera dans une parole vide. Cette vocation implique immanquablement une pratique du quotidien : savoir insuffler l'élan intérieur dans les plus infimes de nos gestes, qu'il finisse par se confondre avec eux. Il convient, à cet effet, de s'établir dans la tendresse.

La tendresse est l'affermissement du déploiement du cœur. La tendresse a dépassé toute forme d'inquiétude. La mère au regard tendre ne se préoccupe plus de la maladie, de la toux, de la fièvre de son enfant et se laisse aller aux paroles aimantes, aux douces caresses. L'exubérance de la tendresse est si proche de la joie et du jeu ! La tendresse est une manière si vivante, si vivifiante de s'ouvrir au monde ! Elle est toujours fraîche comme lorsque deux amants semblent se découvrir à chaque fois, comme la première fois, dans l'affection du corps et du cœur. Leur attention et leur écoute sont totales, mais rien en eux, ou entre eux, n'est forcé.

À la différence de quelques sentiments proches, comme l'amour ou la compassion qui peuvent parfois paraître abstraits, la tendresse est toujours prise dans une proximité, dans une épaisseur. La tendresse est réelle ou n'est pas. Elle touche, elle palpe, même ses mots semblent s'enfoncer dans l'étoffe du monde. Cette relation est toujours singulière : on peut aimer en général, mais on ne peut être tendre qu'en particulier. C'est toujours l'être qui se tient là devant moi, seul, dans sa nudité qui m'attendrit. Pouvons-nous déployer cette tendresse envers chaque être, dans une nouvelle manière de nous tenir au plus près du vivant ? Pouvons-nous garder cette même qualité dans chacun de nos actes, chacune de nos pensées ?

La non-dualité

Le neuvième chapitre du *Sûtra de Vimalakîrti* s'intitule « L'accession à l'enseignement de la non-dualité ». Une trentaine de *bodhisattva* répondent successivement à la question de Vimalakîrti : « Comment le *bodhisattva* accède-t-il à l'enseignement de la non-dualité ? » L'accession est le maître mot. Pouvons-nous dépasser les oppositions qui paraissent si consubstantielles à la vie elle-même ? Et par quelle porte d'entrée ? Les réponses passent en revue des paires familières aux textes bouddhistes : l'apparition et la cessation, le moi et le mien, le pur et l'impur, la distraction et l'attention, etc. Pour qui sait *voir*, de telles oppositions peuvent être transcendées, comme l'affirme le *bodhisattva* Bonne-Volonté : *«* Samsâra *et* nirvâna *forment une dualité. Mais lorsqu'on voit la nature du* samsâra*, il n'y a plus de* samsâra*, plus de lien ni de libération, plus d'apparition ni de cessation. Qui comprend cela entre dans la non-dualité. »*[60]

Tout au début du livre, le Bouddha mande ses plus grands disciples afin qu'ils interrogent Vimalakîrti sur sa maladie. Mais, l'un après l'autre, tous déclinent l'invitation, rapportant les circonstances de leur précédente défaite face au *bodhisattva.* Leurs représentations séparées du pur et de l'impur, du profane et du saint, du *samsâra* et du *nirvâna* les ont trompés et Vimalakîrti a su leur montrer leur égarement. Le *bodhisattva* n'a de cesse de leur lancer des injonctions paradoxales comme : *« Sans entrer dans le vaste océan des passions, nul ne peut trouver le trésor de l'omniscience. »* Non seulement il refuse d'appréhender le monde selon des catégories fondées sur des oppositions formelles, mais il embrasse dans un même mouvement toutes les contradictions de la pensée, laissant à plaisir s'entrechoquer le pour et le contre, la thèse et l'antithèse jusqu'au point de rupture où la pensée est conduite à se dépasser elle-même. S'il s'amuse des disciples, Vimalakîrti ne joue pas simplement du plaisir des mots. Un sérieux transparaît dans la jubilation, car la question est bien celle de l'éveil ! Il ne propose évidemment pas de tout confondre dans une indistinction primordiale, encore moins de succomber à tous ses égarements comme s'il s'agissait d'une méthode appropriée. Il répète à l'envi que la voie requiert le discernement, savoir séparer ce qui est juste de ce qui ne l'est pas. Il souligne les nécessaires patience et douceur, car nous vivons bien dans un monde de dualités où les oppositions et les tiraillements sont notre lot quotidien. Mais, par ses audaces et ses formules paradoxales, Vimalakîrti nous invite à nous engager autrement dans le monde, avec bonté et largesse. Sans la moindre peur.

L'entrée passe par l'expérience fondamentale de la dessaisie. Dans la méditation, l'expérience n'est plus celle d'un sujet face à son objet ou, pour reprendre les expressions bouddhistes usuelles, celle d'un saisissant et d'un saisi : on expérimente une dimension non duelle de la conscience. En quelques mots, Vimalakîrti déconstruit l'opposition tout en proposant une méthode : *« Quelle est la racine de la maladie ? L'adhésion aux objets extérieurs. De l'adhésion naît la maladie. À quoi adhère-t-on ? Au triple monde. Comment arrête-t-on cette adhésion ? Par la non-obtention* (mushotoku). *Lorsqu'il n'y a plus rien à obtenir, il n'y a plus d'adhésion. Qu'est-ce que la non-obtention ? Se défaire d'une vision dualiste. Qu'est-ce que la vision dualiste : la vision d'une intériorité et d'une extériorité qui ne peuvent être trouvées. »*[61] L'exercice méditatif consiste à laisser la pensée à elle-même, première façon d'aborder la grandeur : *« Le* bodhisattva *ne doit rester ni sur le contrôle ni sur l'incontrôle de son esprit ; se libérer des deux méthodes, telle est la pratique du* bodhisattva. »[62]

La présentation de Vimalakîrti n'est pas sans évoquer certains thèmes taoïstes. Mais, à la différence du taoïsme qui vise à retourner à l'Un, la non-dualité dont il témoigne n'implique aucune indistinction. La non-dualité n'annule pas le sujet et l'objet, elle les éprouve d'une tout autre façon. À partir de cette expérience fondamentale de la dessaisie, Vimalakîrti nous propose ensuite de nous réapproprier les différenciations comme autant de moyens habiles d'œuvrer dans le monde. Car, bien entendu, notre vie est faite d'alternatives et de choix. À chaque instant, choisir apparaît comme l'acte nécessaire. Comment la nécessité peut-elle aujourd'hui se muer en jaillissement de joie et de bonté ?

Dans tous ces textes indiens, les auditeurs et les *bodhisattva* – les adeptes du Petit et du Grand Véhicule – diffèrent dans leur compréhension de l'ultime. Les premiers ne peuvent admettre l'union du *samsâra* et du *nirvâna*, les seconds, leur désunion. Les uns approchent la non-dualité d'un point de vue duel. Les autres contemplent la dualité d'un point de vue non duel. Dans la perspective des traditions de la grandeur, vivre engagé dans le monde est non seulement inévitable mais essentiel. Il ne s'agit nullement de vivre une dualité de profane qui reposerait sur l'illusion, mais une dualité d'éveillé où toutes les différenciations ont été sublimées, purifiées par l'accès au non-duel.

Ce re-vivre dans le monde naît d'une conversion intérieure. L'exercice de la méditation nous oblige à laisser échapper tout ce que l'on retient d'ordinaire. Le sol paraît se dérober. On s'efforce même qu'il se dérobe. La subjectivité s'éprouve alors dans sa radicale insaisissabilité, dans son inconsistance même. Toute tentative de se fonder sur quoi que ce soit paraît alors vaine. L'angoisse n'est pourtant pas au rendez-vous, mais bien plutôt une libération, une légèreté enfin trouvée. Vimalakîrti l'enseigne au *bodhisattva* Mañjushrî :

> – *Quel est le fondement des trompeuses discriminations ?*
> – *La conscience illusoire.*
> – *Quel est le fondement de la conscience illusoire ?*
> – *L'absence de fixation.*
> – *Quel est le fondement de l'absence de fixation ?*
> – *Elle n'a pas de fondement. Mañjushrî ! C'est sur le fondement de l'absence de fixation que s'élèvent toutes choses*[63].

La voie de l'Éveillé ne dénie pas le fait que nous existions ni ne propose une quelconque forme de dépersonnalisation. Que de contresens sont nés de l'expression privative « le non-soi », *muga*, alors qu'elle tente simplement de rendre compte de cette absence de fondement substantiel de la conscience. Trop peu connue encore en France, l'œuvre du philosophe David Loy explore le sens de l'identité humaine en faisant résonner ensemble le bouddhisme, la psychanalyse et les philosophies existentialistes. Il révèle cet impossible fondement en des termes neufs et plus accessibles que les anciennes formulations bouddhistes :

> *La conscience du soi ne repose pas sur quelque chose d'existant qui va de soi, mais reste une fiction sans fondement car elle n'est qu'une construction mentale. Plutôt que d'être autosuffisante, la conscience ressemble plus à la surface de l'océan : dépendant des abysses inconnus (« les conditions », comme les appelait le Bouddha) qu'elle ne peut saisir parce qu'elle en est la manifestation. Le problème vient de ce que cette conscience conditionnée, et donc instable, veut se fonder et se rendre réelle. Mais se réal-iser, c'est s'objectiver, ce qui veut dire se saisir soi-même, puisqu'un objet est ce-qui-est-saisi. Le soi-ego est cette tentative continue de s'objectiver en se saisissant, aussi impossible que la tentative d'une main de se saisir elle-même*[64].

À mesure que nous sommes plongés dans le chemin intérieur, nous prenons conscience de notre subjectivité. Sans jamais remonter dans une indistinction, nous adoptons plutôt une autre attitude, celle de nous éprouver nous-mêmes tout en explorant la construction de soi. Nous devons ressentir ce qui nous fait être humains, nos besoins primaires, nos besoins vitaux, notre besoin de reconnaissance, notre besoin d'affection, et déjà commencer par là. Non pas inventer de belles théories, mais affronter, dévoiler ce qui nous fait être, et devenir profondément habiles dans l'art de nous tenir vivants.

CHAPITRE 7

Cacher sa lumière et obscurcir ses traces

La voie de l'oiseau

L'intelligence aiguisée, les hommes du zen ne se contentent pas de théories préfabriquées, seul leur importe de les éprouver. Dans leurs recommandations, ils soulignent souvent que l'étude des textes et la pratique méditative doivent se renforcer mutuellement. Un même mot, *xue* en chinois, rendu indifféremment par « pratique » ou « étude » selon les traducteurs, recouvre ce double aspect du chemin. La tradition confucéenne a donné ses lettres de noblesse à ce terme dans *La Grande Étude*, l'un des classiques chinois, consacré à l'éducation de soi. L'ouvrage débute par cette phrase de Confucius : « La voie de la grande étude consiste à révéler la brillante vertu, à chérir les hommes et à s'établir dans le bien suprême. » « La grande étude » n'est jamais distanciée mais engagée car elle sert la transformation et l'élévation de soi. Son véritable objet est le soi. De même, l'étude des textes zen comme la pratique de la méditation n'ont de sens – de puissance pour être plus exact – que si elles sont à même de susciter un bouleversement intérieur. Faire l'expérience du dépouillement, du dénuement. Le zen n'est pas une voie d'accumulation (de connaissance, de suffisance). Il ne s'agit pas d'en

Un moine demanda au maître Dongshan Liangjie : « Vous nous dites toujours de suivre la voie de l'oiseau. Je ne comprends pas, qu'est-ce que la voie de l'oiseau ? » Le maître dit : « Ne pas rencontrer une seule personne. » « Comment la suivre ? » Le maître dit : « Il te faut juste aller sans sandales aux pieds. »

Recueil de la transmission de la lampe de l'ère Jingde[65]

savoir plus, de méditer plus, mais que l'étude et la méditation nous provoquent réellement. Selon l'expression zen, étudier consiste « à briser toutes les particules de poussière pour en extraire les *sûtra* », *jin o yabutte kyô o dasu*. Les leçons les plus fortes se forment à même la matière de la vie. La pratique du zen, elle, nous engage à nous défaire de nos peurs pour affronter la grande étude.

La tâche est loin d'être aisée. Car il faut bien en passer, malgré tout, par une période d'accumulation, apprendre ce qu'est ou ce que n'est pas le zen, et plus que des rudiments de bouddhisme, l'approfondir, connaître, expérimenter toutes les techniques de méditation, éventuellement méditer sur des *kôan*, etc. Nul ne pourrait s'en passer. On pourrait confondre un tel apprentissage avec la voie du zen, car c'est bien ce qui est le plus visible en elle. À un moment donné, l'apprentissage atteint comme un pic : tout devient alors très zen. C'est toute la vie qui est colorée, imbibée par le zen. Mais une fois passé le pic, le mouvement s'inverse jusqu'à tout oublier. La pratique devient non-pratique. Rétrospectivement, on regarde son passé d'apprenti d'un air amusé. On faisait du zen comme un enfant qui tient fermement à ses jouets. On était très sérieux. Ce double mouvement de montée puis de descente est bien entendu nécessaire. Car on ne peut généralement aborder directement l'invisible.

Pratiquer secrètement, demeurer dans l'invisible et vivre l'ordinaire : il n'existe pas d'autre définition pour dire la vérité du zen. Plusieurs formules ou métaphores chinoises évoquent cet exercice de la transparence. On parle d'obscurcir ses traces ou de devenir un idiot. Le maître Dongshan (IXe siècle) parlait, lui, d'emprunter « la voie de l'oiseau », *chôdô*. L'oiseau vole dans le ciel. Parfois il disparaît, parfois il apparaît à nos regards, mais il ne laisse jamais de traces dans l'azur immaculé. Il existe différentes manières de vivre et de proclamer l'invisible – selon le temps, l'humeur, le caractère propre de chacun. Dôgen rapporte que Rujing, son maître chinois, refusa la robe violette et le titre officiel de « maître de méditation » que l'empereur Ning lui avait décernés et qui devaient affirmer son statut d'abbé de l'un des plus grands monastères de l'époque. Il déclina l'offre par lettre et reçut simplement en retour du thé de l'empereur. Rujing préférait la robe noire des simples moines et cultiver l'ordinaire, sans se préoccuper des titres ni de la renommée (Dôgen, *La Pratique maintenue*[66]).

Obscurcir ses traces

« Cacher sa lumière et obscurcir ses traces », *tôkô kaiseki*, ou bien encore *binseki tôkô*, une variante de même sens, est une autre formule zen qui invite à l'invisibilité. Le sage chinois aime à s'éloigner du monde, à délaisser les chemins tracés par les hommes. Il pénètre les montagnes vertes et les vallées profondes et chevauche le vent. Le taoïsme influença fortement le premier zen de l'époque Tang (VIIe-Xe siècle). La métaphore est empruntée à cette ancienne tradition chinoise qui porte l'art de l'effacement et de la légèreté à son comble. Laozi (Laotseu) disait déjà dans le *Daode jing* : *« Celui qui sait marcher ne laisse pas de traces. »*

L'école dite de « la montagne de la Tête-de-Buffle » (niutoushan), l'un des premiers courants zen chinois, rattaché sans doute *a posteriori* au quatrième patriarche, Dayi Daoxin (580-651), avait fait de la disparition un exercice spirituel. La courte biographie de l'un de ses maîtres, un certain Zhongshan Yuncui (VIIe siècle), rapporte simplement que ce dernier *« obscurcit ses traces sur le mont Zhong où il passa de nombreuses années »*[67]. Tout lecteur chinois comprend évidemment que ce Yuncui se retira en ermite solitaire sur le mont Zhong. L'écriture chinoise est économe : en deux mots seulement, « obscurcir ses traces » dit cependant bien plus que le simple isolement physique. La métaphore suggère une manière d'être où nul ne saurait distinguer ce qui relève du délaissement extérieur et du délaissement intérieur.

Bien que le bouddhisme indien souligne la nécessaire dimension communautaire, le bouddhisme chinois hérite d'un taoïsme foncièrement individualiste : pour tous ces moines, l'érémitisme paraissait naturel. Ils s'enfonçaient dans les montagnes et les vallées, y demeurant parfois de longues années sans voir un seul être humain, avec pour seuls compagnons les oiseaux et les bêtes sauvages. Après être devenu moine, Fayong (594-657), qui devint le premier patriarche de cette école niutoushan, s'établit dans une grotte au pied de la montagne de la Tête-de-Buffle. Bien des années plus tard, le maître zen Daoxin, qui cherchait « un homme du *dao* » – l'expression est reprise dans le zen –, eut vent qu'un certain Fayong, surnommé « le paresseux » par les moines d'un temple voisin, vivait seul dans la montagne. Évidemment, cette paresse était toute taoïste. Si Fayong obscurcissait ses traces de la sorte, il devait sans doute se conformer au *dao*. Daoxin alla à sa rencontre et lui transmit son enseignement.

En Chine, comme dans toute société traditionnelle, l'individu s'insérait dans un réseau de relations et d'obligations familiales, sociales et politiques qui le confinaient dans sa position. « Sortir de la famille », *shukke* (le terme désigne le moine ou le renonçant bouddhiste), occasionnait une rupture radicale avec l'identité sociale, rupture qui ne fut pas sans poser de difficultés dans l'implantation du bouddhisme en Extrême-Orient. Le moine se rasait la tête, changeait de vêtements, adoptait un nouveau nom, autant de signes qui manifestaient son arrachement à toutes les représentations sociales (même si, évidemment, il retrouvait une position dans le monastère et que le *sangha*, la communauté des moines, finit par occuper une *place* essentielle dans la société chinoise).

Sous les dynasties Song (XIe-XIIe siècle), les moines vivaient parfois dans de grandes communautés, et le terme même d'obscurcir ses traces en vint parfois à simplement désigner l'idéal du moine qui s'écarte du siècle. Dans un petit livret consacré aux règles monacales, Dôgen écrivait par exemple : *« Les hommes du passé vivaient dans les montagnes lointaines et pratiquaient dans les forêts reculées. Les offrandes étaient non seulement rares, mais ils avaient aussi abandonné toutes relations. Vous devez étudier leur aspiration à couvrir leur éclat et à obscurcir leurs traces » (Règles pour la seconde salle des moines*[68]*).* Dans sa propre perspective, les moines ne refusent pas le monde des hommes, ils refusent simplement de se conformer à leurs attentes, au désir de plaire, à celui d'être connu. Ils refusent de vivre au travers des images que leur impose le monde. Ils préfèrent le déserter pour approfondir l'essentiel et creuser en eux-mêmes un chemin vers le cœur.

Il brouilla ses traces et ses attitudes changèrent

Obscurcir ses traces ne consiste pas simplement à se soustraire au monde pour s'engager dans la voie, il s'agit plus radicalement encore de mourir à ses propres représentations, y compris celle d'être bouddhiste. Huike (487-593), Eka dans la prononciation japonaise, fut le second patriarche du zen chinois et le successeur de Bodhidharma. Sa biographie rapporte qu'il médita des années durant, lorsqu'un jour, au cours d'une méditation, il eut la vision d'un esprit qui lui enjoignit de gagner le sud. Un soir d'hiver, il atteignit enfin le temple de Shaolin où demeurait l'austère Bodhidharma. Celui-ci ne l'autorisa pas à entrer. Eka resta dehors sous la neige qui tombait à gros flocons. Au petit matin, Bodhidharma le retrouva dans le froid, enseveli sous la neige. Huike le supplia une nouvelle fois de l'accueillir, mais Bodhidharma le rabroua à nouveau. Pour montrer sa détermination, Huike se trancha alors le bras gauche. Finalement, Bodhidharma l'autorisa à entrer. L'anecdote, plus symbolique qu'historique, est célèbre. Après plusieurs années d'approfondissement, Bodhidharma lui transmit sa robe monacale, son *kesa*, en gage de reconnaissance. Par la suite, Huike poursuivit l'œuvre

Après avoir donné sa transmission à Sengcan, le grand maître Dazu Huike enseigna avec toute l'adéquation requise en la ville de Ye. Une seule de ses paroles suffisait pour que les quatre assemblées aient foi. Il continua ainsi pendant trente-quatre ans, puis il couvrit son éclat, brouilla ses traces et ses attitudes changèrent : tantôt il entrait dans les boutiques de marchands de vin, tantôt il visitait les abattoirs, tantôt il faisait la commère, tantôt il suivait les domestiques. Quelqu'un l'interrogea à ce sujet : « Vous êtes un homme du dao, *pourquoi agissez-vous de la sorte ? » Le maître répondit : « J'accorde moi-même le mental, en quoi cela te concerne-t-il ? » Et aussi, au pied de la grand-porte du temple de Kuangjiaozi du district de Guancheng, il disait la voie suprême, et ceux qui venaient l'écouter s'assemblaient en grand nombre. À ce moment-là, un certain maître de la loi du nom de Banhe faisait dans ce temple des conférences sur le* Sûtra du Nirvâna. *Peu à peu, des étudiants s'en allèrent, préférant écouter l'enseignement dispensé par le maître. Banhe ne pouvait contenir son ressentiment et il distilla son fiel auprès de Di Zhongkan, le chef du district. Zhongkan crut à ses paroles perverses et il condamna le maître pour hérésie. Le maître se soumit sans sourciller. Ceux qui connaissaient la vérité disaient qu'il devait là rembourser une dette. Il avait cent sept ans. Ce fut le 26 du 3ᵉ mois de l'année du bœuf* yang-eau *de la 13ᵉ année du règne de l'empereur Wendi de la dynastie Sui. Il fut ensuite enterré à soixante-dix* li *au nord-est du district de Fuyang dans la préfecture de Ci.*

Recueil de la transmission de la lampe de l'ère Jingde[69]

de son maître. Après avoir transmis la robe de Bodhidharma à son disciple Sengcan, il se rendit dans la ville de Ye où il enseigna trente-quatre années durant. Puis, soudainement, « il brouilla ses traces et ses attitudes changèrent ». Il ne se conforma plus aux attitudes attendues des moines, il se fit libre, allant et venant dans les lieux infâmes et impurs, à l'encontre de toutes les règles de bienséance bouddhiste. Il ne dirigeait pas de temple, se contentant d'enseigner sur le seuil d'un monastère (la grand-porte est le bâtiment d'entrée), ni tout à fait dans le monde profane ni tout à fait dans le monde sacré. Se tenir dans l'entre-deux était sans doute une façon de ne pas être rattrapé par l'un ou l'autre monde : ne pas s'échapper, ne pas succomber. Mais on ne pardonne guère à ceux qui choisissent l'insituable. Victime de la jalousie, Huike fut finalement mis à mort. Nous touchons *ici* au point ultime de l'enseignement du zen : comment s'approcher au plus près de l'invisible ?

La voie de l'excentricité

Sur la fin de sa vie, Huike passait pour un excentrique, sinon pire. Mais le zen est bien un art de la délocalisation. L'exercice est délicat, l'inattendu ne doit pas être trop fort, car la malemort guette, comme pour Huike qui fut exécuté pour n'avoir pas su, finalement, garder sa place. Seuls les plus audacieux ou les plus déraisonnables oseront le pas de côté radical, celui qui les rendra inatteignables. La tradition zen raconte des vies insensées, celles d'hommes qui exploraient toutes les manières de s'égarer hors de soi pour tenter désespérément de se retrouver. Une typologie ternaire pourrait être retenue : certains choisissaient l'excentricité ou pire encore la folie, le renversement était leur exercice du quotidien ; d'autres s'abîmaient dans l'idiotie, laissant tout s'effondrer en eux ; enfin, quelques autres osaient le choix ultime de la disparition[70].

La voie du renversement. Le zen a eu ses fous du *dharma* aux mœurs étranges : leur outrance était à la mesure de la gravité affectée des sages. Au Japon, Ikkyû Sôjun (1394-1494), qui s'était lui-même surnommé *kyôun*, le « Nuage fou », représente la figure par excellence du moine zen excentrique[71]. Ce maître de l'école rinzai, héritier de Kasô Sôdon (1352-1428), devint sur le tard l'abbé du Daitokuji, à Kyôto, l'un des plus grands monastères zen de son époque. Pourtant, toute sa vie, il vitupéra, critiqua le conformisme et la corruption des moines, ne refusant aucun geste audacieux. Il aimait déambuler par les rues un sabre de bois à la ceinture en jouant de la flûte. Ses nombreuses poésies, un art où il excellait, le montrent soucieux de retrouver l'humain derrière le paraître. Fréquentant les échoppes et les tavernes, il préférait les petites gens à ses confrères revêtus de lourdes robes cousues d'or. Ceux qui ont l'esprit simple ne sont-ils pas plus près de l'éveil que tous ceux qui en font leur métier ? Dans sa folle démesure, le fou du *dharma* entend dénoncer ceux qui ont soi-disant abandonné les rets du profit et de la renommée, mais qui s'égarent dans leur propre suffisance.

Figure inversée du sage, le fou a néanmoins besoin de lui : il est sa mauvaise conscience. Ikkyû raillait constamment son condisciple, Yôsô Sôi (1379-1458), qui avait également reçu « le sceau d'approbation », *inka*, du maître Kasô. Il ne voyait en lui qu'un administrateur zélé sous une robe d'apparat et non un véritable homme du zen. Leurs itinéraires se croisent sans cesse. À vrai dire, le fou ne peut trop s'éloigner du sage : il a besoin de reconnaître tout son sérieux hypocrite pour le brocarder encore et encore. Et si le fou dépasse les bornes, ce n'est que pour mieux rôder dans les parages du sage. Il doit faire au-dehors un tintamarre d'enfer pour qu'on l'entende distinctement à l'intérieur. Avec lui, il ne peut y avoir de demi-mesure, il ne doit surtout pas laisser indifférent. Le fou se fourvoie dans les bassesses là où tous veulent s'élever. Son domaine est fait d'immondices, on y entend des rires gras et jouir des femmes lascives. Il choisit la déraison contre la raison, l'animalité contre la trop pure humanité. Si les sages montrent un esprit raffiné, il expose, lui, son corps malodorant, mal-pensant à l'encontre de tous les bien-pensants. Sa différence si visible, si audible, est en réalité un appel lancé à tous les apprentis du zen : qu'ils ne perdent jamais leur fraîcheur intérieure, qu'ils ne s'égarent dans la suffisance, de quelque manière que ce soit. La présence du fou est une alerte, car la quête intérieure peut toujours s'abîmer en orgueil. Le fou est nécessairement un solitaire, une sorte de franc-tireur ; tout au plus peut-il s'associer à d'autres excentriques de son acabit dans son entreprise de subversion. Le fou, au fond, sait bien qu'il ne peut se compromettre avec des disciples : il se normaliserait.

La voie de l'idiot

L'idiot, lui, n'a pas la virulence du fou. Il ne dépasse jamais les bornes, bien au contraire, puisqu'il prend justement les règles au pied de la lettre – une autre manière de les subvertir. Se contentant de non-réponses, ou de réponses qui tournent à vide, l'idiot reste à sa manière inatteignable, hors circuit. Nul besoin de briller, de claironner, l'apparence du charbon noir lui sied à merveille. Le maître zen Huikai (800-830) était l'un des disciples du grand Mazu. Sa biographie rapporte qu'il raffina sa pratique du zen à sa façon : *« Il obscurcit ses traces et cacha son activité en se donnant l'air d'un simplet. »*[72] Un comble pour un « Océan de sagesse », Huikai, son nom religieux ! Plus littéralement, le texte dit : *« Il contenait son activité et à l'extérieur se montrait simplet. »* Car, bien entendu, il s'agit d'un art du travestissement. L'intérieur ne peut pas être l'extérieur, à moins de sombrer dans la folie réelle. De même, Huike, le second patriarche, répondait à son interlocuteur : *« J'accorde moi-même le mental, en quoi cela te concerne-t-il ? »* (voir ci-dessus p. 162).

Vimalakîrti, le héros du *sûtra* éponyme, est le modèle par excellence de ceux qui demeurent dans l'invisible. Le livre raconte les faits et gestes d'un être étonnant qui apparemment transgresse toutes les normes, s'abîme dans les passions, et pourtant demeure l'esprit pur. Son nom même, Vimalakîrti, « Gloire immaculée » en sanskrit, que les Chinois traduiront par Jingming, « Pur Renom », témoigne de cette transparence intérieure. Par tous ses gestes inouïs, Vimalakîrti démontre à Shâriputra, le disciple du Bouddha si attaché aux règles monacales, comment il se ligote lui-même dans sa propre image de moine. Vimalakîrti prône le détachement comme jaillissement de la liberté, mais nul ne saurait s'attacher au détachement sans être une nouvelle fois retenu. Il faut encore lâcher prise, oser même se détacher du détachement.

La voie de la disparition

La disparition est une provocation à l'entendement. Ni en deçà ni au-delà des bornes, tout simplement, l'homme du zen se soustrait. Peu lui importe que l'on sache ce qu'il est devenu, ce qu'il a fait et pourquoi. Il fait un pas de plus dans le renoncement, en renonçant jusqu'à lui-même. Le moine japonais Tôsui est l'un de ces disparus. Tôsui Unkei appartenait à l'école sôtô. Nous savons peu de choses de l'homme, car lui-même n'a rien écrit ni laissé derrière lui. Ne reste qu'une étonnante et rocambolesque biographie composée par le maître zen Menzan Zuihô d'après des témoignages que ce dernier avait patiemment collectés. La biographie illustrée fut publiée en 1768 et n'a jamais cessé depuis plus de deux siècles d'exercer une puissante fascination sur le monde zen japonais. Le texte comporte d'évidents anachronismes. Même les dates et les lieux semblent des mesures trop étroites pour situer Tôsui qui, semble-t-il, mourut en 1683. Il avait déjà atteint un âge respectable comme chef de temple lorsqu'un jour, à la fin d'une retraite d'été qu'il dirigeait, il disparut sans rien dire. Dans les mois et les années qui suivirent, ses

Lorsqu'il vivait à Ôtsu, le maître Tôsui Unkei fabriquait des sandales de paille et des chausses pour les chevaux qu'il emportait chaque jour au marché. Par la suite, chacun passait commande et venait attendre que le travail soit terminé. Les chausses du vieil homme d'Ôtsu étaient connues. Son logement qui faisait six ou sept shaku *de large se trouvait entre deux boutiques. Il avait loué l'espace vide qu'il avait recouvert de chaume. Il s'en servait juste pour dormir et n'avait pas d'ustensiles de cuisine. Il fabriquait là les chausses et les sandales de paille et achetait des gâteaux de riz et d'autres choses à manger. Il passa deux ans environ de cette façon. Un jour, des conducteurs de chevaux de bât et des porteurs de palanquins s'assemblèrent là et lui dirent : « Dans ton logis, tu ne possèdes pas de bouddha. On dit que ne pas avoir de bouddha signifie être chrétien. Pourquoi n'en as-tu pas mis ? » Le vieil homme répondit : « Même un bouddha n'aimerait pas un endroit où l'on ne cuit pas le riz ! » Tout le monde le regarda et éclata de rire. Le lendemain, l'un des conducteurs de chevaux lui apporta une image populaire d'Ôtsu, une peinture sur rouleau représentant Amida, en lui disant : « Je te l'offre, fais-en ton bouddha. » « Je n'ai pas besoin de bouddha ! » L'homme lui offrit contre son gré et, maugréant sur l'étroitesse du lieu, il le prit et le suspendit. Lorsque les voisins regardèrent ce qu'avait laissé le vieil homme après son départ, ils virent un bouddha accroché. Sur le haut, quelque chose qui ressemblait à des lettres avait été noté. Ils lurent un poème humoristique écrit à l'eau de cendre :*

« Même à l'étroit, je vous emprunte le logis, monsieur Amida
N'espérez pas que je vous prie pour une vie future ! »

Menzan, *La Vie de maître Tôsui*[73]

disciples ou ses anciens condisciples le retrouvèrent à l'occasion mendiant, fabricant de sandales ou vendeur de vinaigre. À chaque fois découvert, il disparaissait encore, changeant d'identité, de nom, d'apparence, se perdant non dans les montagnes mais dans l'anonymat de la foule, dans la rumeur citadine des grandes agglomérations naissantes du Japon de l'époque Edô. Il délaissa toutes les conventions sociales et religieuses, leur préférant la crasse et la solitude. « Il jouissait de l'éveil », rapporte pourtant Menzan.

Ces moines n'ont sûrement pas choisi leur destinée à la manière d'un choix délibéré. Leur propre caractère les portait sans doute à emprunter, l'un la voie du fou, l'autre la voie de l'effacement. Les écrits d'Ikkyû témoignent d'un homme tourmenté, qui fit lui-même plusieurs tentatives de suicide, proche de sombrer dans la folie réelle. À prendre la mascarade humaine trop au sérieux, peut-être devient-on réellement fou – qui sait ? Au demeurant, il est peu probable que tous ces maîtres chinois, dont les anciennes chroniques répètent à l'envi qu'ils brouillaient leurs traces, aient tous réellement existé, ou tout au moins que les faits qui leur sont attribués soient véridiques. Leurs histoires relèvent du merveilleux et laissent entr'apercevoir, à qui sait les lire, la quête d'un absolu. Mais du fait même qu'elles laissent des traces dans l'ordre du discours, leurs histoires déclinées de mille et mille façons dessinent une singulière perspective pour tous les hommes du zen. Comme si chacun de ces fous, de ces idiots ou de ces disparus se tenait sur une impossible frontière, prêt à disparaître de l'autre côté de l'horizon, dans le noir absolu et pourtant en même temps toujours là, en pleine lumière, à témoigner pour tous de cet étrange exercice du déportement.

Ces maîtres brouilleurs de traces ont leurs paradoxes. On les voit laisser quelques indices, à ceux qui savent les reconnaître, pour retrouver leur piste. Un successeur de Huangbo, le maître zen Muzhou Daozong (780-877), portait le sobriquet du « Vénérable Poseur » (qui n'était autre que son nom de famille). L'histoire rapporte qu'il fabriquait des chaussures en fibres végétales qu'il déposait secrètement par les chemins. Sa biographie consignée dans le *Recueil de la transmission de la lampe de l'ère Jingde* débute de la manière suivante : *« Il résida tout d'abord au temple de Longxingli dans la préfecture de Mu où il obscurcit ses traces et cacha son activité. Il fabriquait en permanence des chaussures de paille qu'il déposait en secret sur les chemins. Les années passant, on le sut et on le surnomma le Poseur de souliers de paille. »*[74] Comme à l'accoutumée, le geste mystérieux du poseur n'est pas commenté, l'allusif prenant le pas sur toute explication. Devenus immortels, les saints taoïstes laissaient leurs souliers derrière eux, seules traces visibles de leur disparition…

Le fou, l'idiot et le disparu choisissent l'écart, la déperdition, la soustraction. Leur démarche relève d'une ascèse intérieure, car la libération ne se suffit pas : il faut encore se libérer de la libération. Il n'est sans doute pas anodin que le changement d'attitude de Huike, le second patriarche, intervienne à la toute fin de sa vie, bien après ses études bouddhistes, bien après son apprentissage du zen, bien après avoir transmis son enseignement à Sengcan, son disciple. Qui oserait à son tour se résoudre à une telle ascèse ? Ce serait comme d'être suspendu au bord d'un précipice et de devoir lâcher une à une toutes ses prises. Le choix est radical. Le silence, l'incompréhension seront sûrement au rendez-vous, peut-être même le rejet ou le dégoût. Qu'adviendra-t-il à tous ceux qui choisissent cette voie ? Seront-ils marginalisés, tués, définitivement effacés, ou finalement réintégrés dans la mémoire des hommes comme des « saints » ?

Le moine zen ermite Ryôkan (1758-1831) est considéré comme l'un des plus grands poètes japonais. Il n'est pas un livre sur la littérature japonaise qui n'évoque aujourd'hui son nom. Ce bonze avait une personnalité délicate et fragile. Lorsqu'il en fit son successeur, son maître lui donna le nom prémonitoire de Taigu, le « Grand Idiot ». Après la mort du maître, Ryôkan quitta son temple d'origine et fit, en effet, l'imbécile. Aimant la solitude, il s'enferma jusqu'à ses dernières années dans la montagne, hors des désirs du monde. Il s'établit dans un petit ermitage au toit de chaume, sur le mont Kugami dans l'ancienne province d'Echigo, près de son village natal, sur la côte nord du Japon, faisant du dénuement son exercice quotidien. Chantre de l'invisible, ses poésies où affleure la mélancolie témoignent de cet art difficile[75].

Aujourd'hui, Ryôkan, Tôsui et Ikkyû sont vénérés comme des saints hommes au Japon, parmi les plus grands. Les saints inspirent à la fois de la crainte et de la fascination. La crainte, car on sait qu'ils échappent à toute attente, la fascination car on sait toujours au fond de soi que l'échappée est la seule issue qui vaille. Les

Depuis que j'ai pénétré la voie de Caoqi,
Mille pics obturent délicatement l'entrée.
Enserrés de glycines, les arbres vieux sont desséchés,
Enveloppées de nuages, les roches soustraites sont froides.
Ma canne de pèlerin pourrit dans la pluie nocturne.
Mon kesa *moisit dans le brouillard matinal.*
Personne ne demande de mes nouvelles,
Année après année, année après année, année après année.

Taigu Ryôkan

De haillons et de haillons,
De haillons, telle est ma vie.
Ma nourriture, je la mendie sereinement au bord des chemins,
Mon logis, à dire vrai, je l'ai confié aux herbes sauvages.
Toute la nuit durant, je sifflote en contemplant la lune,
Je reste là, fasciné par les fleurs.
Depuis que j'ai quitté mon temple,
Par mégarde, je suis devenu un imbécile.

Taigu Ryôkan[76]

saints ne peuvent inspirer que de la vénération, mais qui veut les suivre se fourvoie. La voie du dépouillement intérieur est une expérience de solitude extrême. Qui la pousse jusqu'à l'extrême de lui-même n'est plus guère en mesure de communiquer ce qu'il vit. L'expérience singulière n'appartient qu'à lui, muet devant l'éternité. Les saints ne sont des saints que parce que des institutions les représentent comme tels. La sainteté est encore une image destinée à édifier, instituer, faire croire. Les saints, eux, n'aspirent à rien, surtout pas à l'image de la sainteté, ni ne se prétendent tels. Pourtant, la mémoire collective s'empare de leur vie pour édifier, elle capture jusqu'à leur corps pour les exhiber. Il faut un gage de leur présence, alors qu'ils ont souhaité l'absence. La mémoire a besoin de leurs traces, de leur lumière : car leur quête de l'absolu rend vraie toute démarche spirituelle.

CHAPITRE 8

L'homme vrai sans position

Sur votre masse de chair rouge

L'histoire de chacun est si riche, remplie tout à la fois de beautés, d'élans, de joies, d'erreurs, de détresses, de croisements, de rencontres aussi, qu'on aimerait en écrire l'histoire singulière. La tâche est démesurée – que dire, impossible ! Même le plus talentueux des biographes ne pourrait écrire qu'un résumé imparfait, incapable par lui-même de démêler l'écheveau de la vie telle que l'autre l'éprouve au plus intime de lui-même. Le biographe s'en tient donc aux traces, et il reconstitue après coup. Il reconnaît des traits saillants, des cheminements, il densifie touche après touche son portrait, mais l'émotion elle-même, l'émotion telle qu'elle fut réellement vécue par son protagoniste, celle qui fait vibrer l'instant lui-même, comment pourrait-il la saisir ? Jamais, ou si peu. Il est déjà si difficile de l'entr'apercevoir pour soi-même. L'émotion scintille et disparaît à peine apparue. Et pourtant, l'émotion n'est-elle pas le corps de la vie, et les traces laissées derrière soi ne sont-elles pas comme une chrysalide abandonnée, finalement bien superflues dans ma rencontre avec l'instant ?

Le maître Linji Yixuan monta en salle et dit : « Sur votre masse de chair rouge se trouve un homme vrai sans position qui sans cesse entre et sort par les portes de votre visage. Ceux qui ne s'en sont pas encore assurés, voyez! Voyez! » À ce moment-là, un moine s'avança et demanda : « Qu'est-ce que l'homme vrai sans position ? » Le maître descendit de sa chaise de méditation, le saisit au col et lui dit : « Dis-le! Dis-le! » Le moine hésita. Le maître le lâcha et dit : « L'homme vrai sans position, quel bâton de merde sèche est-ce là! » Et sur ce, il s'en retourna dans ses appartements.

Entretiens de Linji[77]

CHAPITRE 8

Ne sommes-nous pas en réalité, et sans vraiment le comprendre, toujours neufs et à nu, dans la rencontre avec l'instant qui vient ?

La somme de toutes les caractéristiques d'un individu, comme celles d'appartenir à une espèce, un sexe, une histoire, un pays, une époque, une famille, ses propres traits de caractère, pour ne citer que les plus manifestes, singularisent chaque individu à ses propres yeux comme à ceux d'autrui. Sans limitation si ce n'est celle de l'imagination, toutes ces caractéristiques rendent chaque individu définitivement unique. Mais posons la question : l'identité, *mon* identité, tout ce qui fait que je suis moi et non pas toi, tient-elle tout entière dans leur seule addition, à la manière d'un *curriculum vitae* que l'on pourrait prolonger à l'infini ?

Dans l'exercice de la méditation, je me défais un à un de tous les signes qui signent ma personne, pour demeurer tel qu'en moi-même. Toutes ces caractéristiques que je sais être miennes, qu'il s'agisse de mes pensées, de mes rêves, de mes désirs, toutes ces manières si personnelles que j'ai d'appréhender, de comprendre, d'espérer le monde sont suspendues, comme portées au néant. Et pourtant, *moi-même*, je ne suis en rien réduit au néant. Dans le silence, dans la lucidité, j'existe. En vérité, quelque chose résiste. Je pressens qu'il ne peut s'agir là d'une simple part résiduelle de moi-même. Mystérieuse, inqualifiable, elle se dérobe à tous les exercices d'identification. J'éprouve une dimension où le personnel s'efface devant l'impersonnel, où je suis littéralement « sans affaire », *muji*, pour reprendre une antique expression chère au maître chinois Linji (IXe siècle). Le « sans-affaire » est une étrange échappée. Dans ce lâcher-prise, je suis dépossédé de toute forme de projet qui m'obligerait à objectiver, manipuler ou orienter l'instant présent. Je m'enfonce dans le présent, libre de toute préoccupation. Une autre dimension se dévoile au fur et à mesure que ma propre singularité s'efface. Comme elle s'arrache au singulier, appelons-la, par contraste, l'absolu.

Le vieux miroir

Que puis-je dire de cet absolu ? En vérité, je ne sais parler que de ce *que* je suis, de ce *que* vous voyez en moi, toutes ces caractéristiques passibles, elles, de reconnaissance, de compréhension et d'interprétation. Moi et vous, dans notre radicale identité, ne sommes guère à même de nous apercevoir dans notre transparence intérieure, pour ce que nous sommes. Mais comment sommes-nous ? Je ne sais pas. Ce que nous voyons d'abord les uns des autres, ce sont nos personnalités, nos sensibilités, celles qui vont attirer les uns, celles qui vont repousser les autres. J'entre en relation avec autrui par ce qu'il exprime, ce qu'il dit, à la fois ses regards, ses sentiments, ses paroles. Tout ce qu'il m'adresse. Sans cesse, l'autre m'interpelle, m'offre une image de lui-même que je peux certes accepter mais aussi refuser, avec toute la gamme des jeux intermédiaires. Je lui propose à mon tour une certaine forme de rapport avec laquelle il doit composer, ajuster, réajuster au fur et à mesure que notre relation se noue. Car je peux aussi bien lui sourire, l'aimer, que l'ignorer ou le mépriser. Mais l'absolu, lui, est insaisissable, échappant à ce *que* je pourrais en dire ou ce *que* vous pourriez en faire (aussi insaisissable que pourrait l'être un « bâton de merde sèche »).

Enraciné dans une histoire et dans un monde, j'apparais sous la forme de toutes ces caractéristiques – ma personne, ma personnalité, mon caractère – qui me constituent à mes yeux comme à ceux d'autrui. À la question « Qui êtes-vous ? », il paraît difficile de répondre par une simple tautologie, « Je suis moi », qui ne permettrait justement pas de m'identifier, à moins que je veuille rester, par goût ou par jeu, inidentifiable. Il me faut donc décliner, selon mes différents interlocuteurs, « mon identité », c'est-à-dire, puisque nous sommes dans un contexte ouest-européen du début du XXIe siècle, le plus communément mon nom, mon prénom, mon âge et ma profession. Il me faudra encore décliner mes revenus devant le percepteur, mes maladies devant le médecin, mes sentiments devant l'aimé(e), etc., au risque d'ailleurs, puisque je suis sous le regard de l'autre, de devoir répondre de « mon identité » face à ses jugements, ses opinions, à la norme sociale qu'il peut incarner. « Qui êtes-vous ? » D'instant en instant, cette question m'est en réalité toujours intimée, adressée, pour que je puisse entrer dans le jeu des relations humaines. Il faut pouvoir me situer pour me comprendre, pour que l'on puisse m'entendre. Quelle est votre position *à vous* ? Êtes-vous rebelle ou conformiste ? Riche ou pauvre ? Sain d'esprit ou malade mental ? M'aimez-vous ou non ? Évidemment, toutes les questions n'ont pas la même gravité selon les interlocuteurs et les circonstances.

Comme il croisait un nouvel arrivant, le maître Xuansha Shibei lui demanda : « Mon révérend, d'où arrivez-vous ? » Le moine dit : « J'arrive de chez Xuefeng. » Le maître dit : « Et que disait Xuefeng, récemment, en guise d'enseignement ? » Le moine dit : « Ces temps derniers, le maître a dit à un moine : "Mon cœur est comme un vieux miroir. Un étranger arrive et un étranger apparaît, un Chinois arrive et un Chinois apparaît." Sur ces entrefaites, un autre moine demanda : "Et que se passerait-il si un miroir brillant arrivait ?" Feng répondit : "Ni l'étranger ni le Chinois n'apparaîtraient." » Le maître Xuansha dit : « Moi, je ne dirais pas cela. » Ce moine dit alors : « Votre Éminence, je vous demande, que se passerait-il si un miroir brillant arrivait ? » Le maître dit : « Il sera brisé en mille morceaux. »

Entretiens de Xuansha[78]

Au demeurant, on pourrait se demander qui pose ce genre de questions : est-ce vraiment vous, ou est-ce en réalité moi qui vous les pose en croyant que vous me les posez ? Qui y répond ? Est-ce vraiment moi, ou n'est-ce pas plutôt vous qui y répondez déjà avant même que j'ouvre la bouche ? Les questions ne sont pas tant celles des identités que des identifications. Et plus je m'identifie à ma personne, plus je m'enlise dans ma propre représentation, plus je m'enlise dans la représentation de l'autre, plus je m'enlise dans ma propre représentation me contemplant dans la représentation de l'autre, plus je m'enlise dans la représentation de l'autre contemplant ma propre représentation, et ainsi de suite. Et c'est finalement dans ce jeu de miroirs infini que ma liberté déchoit.

N'est-ce pas là la contradiction fondamentale ? Je dois m'aliéner dans une représentation de moi-même afin d'apparaître sous la forme d'un être humain. Une telle constatation n'a pas, en soi, de connotation positive ou négative, il s'agit du processus même de l'existence. En même temps, nous savons bien que nous pouvons souffrir de nos propres représentations comme des représentations de l'autre, sans plus savoir, au final, comment se sont noués dans nos vies tous ces nœuds qui font mal. Qu'est-ce que se libérer, sinon cette faculté de pouvoir rompre cette aliénation de soi dans mes propres / dans vos identifications ? La liberté est possible non seulement lorsque j'entrevois cette possibilité de défaire les représentations, mais lorsque je sais que mon identité demeure fondamentalement inassignable.

Le maître zen Yuanwu Keqin écrivait : *« On a beau dire oui, oui ne peut rien affirmer. On a beau dire non, non ne peut rien nier. Une fois départi de l'affirmation et de la négation, lorsqu'à la fois le gain et la perte sont oubliés, tout est mis à nu et exposé. »*[79] Tout cela peut paraître complexe, mais en réalité, pour tous ceux qui s'exercent au zen, il ne s'agit aucunement d'une épreuve de philosophie, mais d'une expérience réelle. Lorsque je fais le choix de m'asseoir en silence en me défaisant de toutes mes attentes, de toutes mes représentations de moi-même et d'autrui, acceptant d'être sans qualité, pleinement anonyme, je n'évide pas mon être jusqu'au néant, au contraire, puisque je touche une plénitude d'être, inqualifiable et insaisissable. Physiquement, je ressens déjà comme j'occupe pleinement ma place, tout mon corps se déployant dans l'espace, les genoux sur le sol, la tête dans le ciel. Et dans cet espace de nudité, de pureté, je ressens comme ce qui vit en moi est fondamentalement libre. *Ce qui vit en moi* n'est pas quelque chose qui m'appartiendrait à la manière d'un objet externe (une possession comme peut l'être un livre ou un billet de banque) ou même à la manière d'un objet interne (une pensée, un état d'âme, un sentiment). Je ne peux rien dire de *ce qui vit en moi*, sinon l'appeler l'absolu. Dans cette radicale nudité, *ce qui vit en moi* n'a plus rien à montrer, plus rien à agiter, plus rien à jouer. Je touche à la liberté.

CHAPITRE 8

L'homme vrai sans position

Les *Entretiens de Linji* dépeignent un maître de vie qui n'a de cesse de révéler cette dimension de liberté. Une fois, il lança cette adresse à ses moines : *« Sur votre masse de chair rouge se trouve un homme vrai sans position qui sans cesse entre et sort par les portes de votre visage. »* Dans la pensée confucéenne, la société est tout entière régie par les places. Chaque individu est défini par ses positions sociale et familiale, qu'il ne suffit pas d'ailleurs de tenir mais de parfaire : le prince doit accomplir la vertu du prince, le vassal doit accomplir la vertu du vassal, le père doit accomplir la vertu du père, le fils doit accomplir la vertu du fils, etc., sous peine de voir régner le désordre et la confusion. Toute position oblige naturellement à des devoirs. Pourtant, il existe « un homme vrai », *shinnin* (l'expression est empruntée au taoïsme), affirme Linji, qui, lui, n'assume aucune position. L'homme vrai est une désignation pour le soi avant même qu'il ne s'aliène en un moi. Mais cet homme vrai entre et sort, dit-il. Lorsqu'il sort, il se fait être humain, à travers l'apparence d'un visage. Mais il a cette faculté d'aller et venir, c'est-à-dire de faire et de défaire ses représentations. Linji nous invite à faire tomber le masque (la *persona*), à trouver en nous ce qui existe avant même que j'existe comme personne déterminée, pour laisser vibrer ma liberté intérieure : pour trouver l'homme vrai. Il existe de nombreuses expressions zen pour signifier cet en-deçà qui excède ses propres caractéristiques. L'une des plus connues est « le visage originel », *honrai no memmoku*, un visage qui ne peut en rien être envisagé par la pensée. Pour

Le maître Nanquan Puyuan dit : « Sans penser ni au bien ni au mal, lorsque la pensée n'est plus du tout formée, reviens en toi au visage originel. »

Recueil de la transmission de la lampe de l'ère Jingde[80]

l'envisager, la pensée doit aller à rebours d'elle-même, au fond d'elle-même, se dé-penser. L'essence même du visage est d'être personnel. C'est même dans la contemplation du visage que je discerne la singularité propre de chacun. La mienne comme celle de tous les autres. Et si ce visage n'était encore qu'un masque ?

La liberté est habituellement conçue comme la possibilité d'exprimer pleinement toutes ses caractéristiques, voire de pouvoir les reformuler, les transformer à volonté, les échanger contre d'autres. Ce n'est plus simplement aujourd'hui, par exemple, la liberté de conscience ou la liberté religieuse (le pouvoir de s'affirmer), c'est la possibilité même de changer de conscience ou de religion (le pouvoir de se transformer). Les propriétés les plus immuables, celles du corps et de l'esprit, qui entravaient ce pouvoir de liberté s'effritent aujourd'hui : les médicaments, les excitants permettent de modifier les états d'âme, le corps se modèle, se remodèle, pas encore à volonté, mais presque. L'identité cherche désormais à se fonder sur de nouvelles images démultipliées de soi. Mais ce ne sont encore que des images de soi. Pour le zen, la liberté ne réside pas dans cette faculté de pouvoir permuter d'une caractéristique à une autre, mais d'éprouver ce que je suis avant même que je m'aliène dans mes représentations intérieures, jusqu'à même pouvoir oser répondre « Je ne sais pas » à la question « Qui êtes-vous ? ».

L'empereur Wu des Liang demanda au grand maître Bodhidharma : « Quel est le premier principe de la sainte vérité ? » Bodhidharma répondit : « Dans la disponibilité, il n'existe rien de saint. » L'empereur lui demanda : « Qui ai-je en face de moi ? » Bodhidharma répondit : « Je ne sais pas. » L'empereur ne comprit pas. Par la suite, Bodhidharma traversa le grand fleuve Yangtse jusqu'à Shaolin où il fit face au mur pendant neuf ans.

Recueil de la sérénité [81]

Je ne sais pas

Qui oserait obscurcir ses traces à la manière de Bodhidharma, l'austère patriarche du zen ? Les annales rapportent que l'Indien, une fois débarqué sur les rives orientales du continent chinois, se serait rendu à la capitale. Il s'y serait alors entretenu avec l'empereur Wu (502-550), le fondateur de la dynastie Liang. L'empereur était un fervent dévot bouddhiste, et pourtant leur dialogue aurait immédiatement tourné court. Bodhidharma se serait alors enfoncé sur les flancs du mont Song, la plus grande montagne sacrée de la province du Henan, après avoir traversé le fleuve Yangtse, où il aurait atteint le lieu du « Petit Bosquet » (Shaolin). Là, dit-on, il aurait médité neuf ans dans une grotte, « face au mur », *mempeki*, disparu au monde.

Faire l'éloge du « sans-trace » est impossible, quelque peu inquiétant. Même si l'on soupçonne que l'exercice de la simplicité, de la pauvreté, qui sait, celui de l'idiotie, pourraient recéler quelques richesses inattendues. Mais se libérer du connu est une entreprise risquée. Aurai-je toujours pied ? Sûrement pas. Un à un, les repères vont se défaire et, défaits, comment pourrai-je encore être situé ? Je resterai alors insaisissable, à la fois incompris et incompréhensible, comme le fut Bodhidharma dans son entretien avec l'empereur Wu. Sa radicale réponse, « Je ne sais pas », ne permettait guère d'entamer un dialogue avec le souverain. Le dialogue était-il même possible ? Dans ce face-à-face inattendu, Bodhidharma se présente au Fils du Ciel, par nature garant de l'ordre, de l'harmonie et des positions, comme son impossible contraire. L'un est l'axe du monde, occupant la place centrale, alors que « le moine barbare aux yeux bleus », *hekigan no kosô* (le surnom de Bodhidharma), lui, refuse de prendre place, de quelque façon que ce soit.

Dès lors que le dialogue devient radical, celui qui choisit d'obscurcir ses traces court évidemment le risque de ne plus être considéré comme un humain parmi les humains, mais d'être rabaissé au rang de barbare, de sous-homme, tant l'autre a nécessairement besoin de situer, d'encadrer, de circonscrire l'étrange et l'inconnu. Le maître zen Huikai jouait au simplet. Il avait fait de l'idiotie son foyer. Dans cet exercice insolite, Huikai ne s'anéantissait pas, mais se retrouvait tel qu'en lui-même, tentant désespérément de chercher l'homme vrai. Et pourtant, tous ne voyaient qu'un simple d'esprit.

Comme ascèse de soi, l'anonymat, vécu dans l'abandon des images, possède une plénitude. Et cependant, pour chacun, il nous faut malgré tout habiter un lieu, parler la langue, porter les habits de ce lieu, simplement pour continuer de vivre et d'exister. En vérité, nous ne pourrons jamais renoncer à nos personnages. À la fin, la question demeure toujours aussi insistante et lancinante : comment rester habile dans l'art d'être vivant ? Je suis vivant puisque j'existe par ce corps et ce mental singuliers qui me sont donnés. Même Linji ne pouvait être totalement « sans affaire ». Comme maître zen, il avait sans doute à cœur d'enseigner. Il dirigeait un monastère avec ses règles traditionnelles, comme de méditer quatre fois par jour, et ses rituels complexes. Il portait l'habit et se rasait le crâne comme tous les moines. Mais tout l'art du maître consiste à excéder sans cesse son propre rôle, à ne pas coller, mais à se décoller de sa propre image à force de paroles, de gestes, pour laisser entr'apercevoir l'homme vrai dans la brèche ainsi dégagée.

Il nous faut reconnaître que cet homme vrai *entre et sort* par les portes de notre visage. C'est un exercice délicat, qui nécessite un savoir-faire : chaque jour, on apprendra l'art de se délester un peu plus, pour voir l'homme vrai de ses yeux rafraîchis. L'évidence des jours, la plénitude des instants doivent nous plonger dans la perplexité, non une perplexité vécue comme un embarras qui empêcherait toute action, mais une perplexité joyeuse qui nous entraîne au-delà de nous-mêmes dans l'acte pur de l'agir.

L'instant doit nous étonner. Nous devons étonner l'instant, tout autant. Cette culture de l'émerveillement rend nos préoccupations, nos pensées, nos désirs, nos manques presque vains. L'instant qui s'illumine devient, lui, si précieux, si entier, si réel ! Dans le surgissement de l'instant, le je-ne-sais-pas devient une évidence. Toute l'habileté consiste finalement à s'affranchir de ses propres limitations, à dépasser les clôtures de son personnage, pour s'ébattre librement, sans dépendre des caractéristiques, des positions ou des références. Apprendre à vivre dans le concret nu. Cette capacité à se dépasser en soi-même, à se transcender, je l'appelle liberté.

POSTFACE

Le lecteur et son livre

Certains mots ont pu surprendre ici, nul texte zen ne mentionne en effet « la présence », préférant plutôt proclamer la nécessaire « absence mentale », *mushin*, des éveillés. Ils n'évoquent guère non plus la tendresse, si ce n'est au détour de quelques pages sous la forme de « la veille aimante », *aigo*, du *bodhisattva*. Et pourtant, il nous faut bien apprendre à traduire : comment faire entendre à notre cœur une tradition venue d'aussi loin que l'Orient afin qu'elle s'épanouisse en nous, hommes et femmes d'Occident ? La tâche est si difficile ! La littéralité des mots, leurs connotations, leur inscription dans d'autres formes de pensée peuvent conduire à bien des contresens qui nous obligent à un inlassable effort de traduction.

Dans la pensée chinoise, l'absence mentale laisse entendre une disponibilité ouverte, la force sans force du sage qui épouse le mouvement du *dao*. Le sinologue François Jullien le rappelle :

> *Le sage ne prétend pas que les différences sont des apparences, il n'en nie pas l'existence, mais il « remonte » à leur foncière unité – celle du fond indifférencié – d'où vient leur continuité (en tant que flux qui n'en finit pas) ; au lieu de se laisser borner par elles, il veut les dépasser – il sait les relativiser : c'est pourquoi, en en percevant l'unité, le sage a l'esprit ouvert*[82].

[Le maître Hongzhou Fada récitait constamment le *Sûtra du Lotus.* Un jour, il arriva chez Huineng, le sixième patriarche, avec qui il s'entretint du *sûtra* :] *« Avec votre grande bonté, je vous prie de m'expliquer brièvement les arcanes du* sûtra. *» Le patriarche dit : « Tu récites ce* sûtra, *quel en est le cœur ? » Le maître dit : « Je suis stupide. Jusqu'à maintenant, je l'ai simplement récité en suivant la lettre, comment en aurais-je compris son essence ? » Le patriarche dit : « Récite une fois le* sûtra *pour voir, je te l'expliquerai. » Le maître le récita à haute voix jusqu'au second chapitre « Les moyens habiles ». Le patriarche lui dit : « Arrête ! La phrase "Ils apparaissent en ce monde en raison" est fondamentalement le cœur de ce* sûtra. *Bien que de nombreuses paraboles y soient enseignées, rien ne surpasse ce passage. Quelle est cette raison ? C'est "pour une unique grande œuvre" que les bouddhas apparaissent en ce monde. L'unique grande œuvre est le savoir et la vue des bouddhas. Je t'en prie, ne te méprends pas sur le sens du* sûtra, *quand tu vois que d'autres parlent d'ouvrir, de montrer, de comprendre et de pénétrer, il s'agit du savoir et de la vue des bouddhas. Nous ne sommes pas différents d'eux. Sinon, tu dénigres le* sûtra *et le Bouddha. Tu es déjà un* *bouddha, tu es déjà doté du savoir et de la vue. Qu'y a-t-il encore à ouvrir ? À présent, il te faut avoir confiance. Le savoir et la vue des bouddhas ne sont que ton propre esprit et rien d'autre. Comme tous les êtres recouvrent eux-mêmes leur claire lumière, attachés aux objets des sens, agrippés à l'extérieur, confus à l'intérieur, soumis aux errements, et qu'ils font de la peine, ils émergent du* samâdhi *et les encouragent par toutes sortes de paroles attentionnées afin qu'ils se reposent. Ne cherche rien à l'extérieur, tu n'es pas différent d'un bouddha. C'est pour cela qu'il est dit dans le* sûtra *: "Ils ouvrent le savoir et la vue des bouddhas." [...]. Écoute mon poème :*

> *" L'esprit qui s'égare est déroulé par le* Sûtra du Lotus,
> *L'esprit qui s'éveille déroule le* Sûtra du Lotus.
> *Tu lis longuement, mais à moins de te comprendre toi-même,*
> *Le sens restera ton adversaire.*
> *La pensée sans pensée est juste,*
> *La pensée avec pensée devient erronée.*
> *Lorsque avoir et ne pas avoir n'iront plus de pair,*
> *Tu conduiras éternellement le char au bœuf blanc. "»*

Recueil de la transmission de la lampe de l'ère Jingde[83]

Dans les modes de pensée duels de l'Occident, l'absence évoque plutôt un manque ou une privation. Le terme est finalement peu approprié pour laisser transparaître cette dimension d'ouverture. Dire « la présence » peut sans doute mieux, *ici*, exprimer « l'absence » du sage chinois. Dôgen, déjà, se méfiait de ces formules privatives, « le non-esprit », *mushin*, ou son synonyme « la non-pensée », *munen*, qui pouvaient, disait-il, être mal interprétées et laisser entendre une ataraxie, voire un amoralisme bien éloignés de la vision éthique de la voie de l'Éveillé[84].

Il nous faut également apprendre l'art de la lecture : une lecture vivante qui nous émeuve et nous bouleverse. L'érudition ne fait pas l'affaire. Notre vocation ne peut se contenter d'illuminer des expressions orientales, des ouvrages zen, des *sûtra* bouddhistes par des analyses textuelles ou littéraires. Ces phrases ou ces textes doivent plus réellement nous illuminer par ce qu'ils nous donnent à lire. Nous les lisons, non comme de simples chercheurs, mais comme des chercheurs de vérité. Comprenons-le : tous les grands textes de sagesse vibrent d'une puissance qui les porte à nous convoquer personnellement. Leur grandeur tient dans leur pouvoir d'implication. Ils me parlent s'ils parlent encore de moi, de mon identité, de mes sentiments, de mes espoirs comme de mes désespoirs, par-delà l'éloignement de l'espace et du temps. Pour entendre tout ce que ces textes m'adressent, je dois m'engager dans une lecture vivante, jusqu'à me reconnaître pleinement dans leurs paroles. Et plus je les comprends, plus je me comprends moi-même[85].

ANNEXE

Petit manuel à l'usage des aspirants qui désirent apprendre la méditation zen

Voilà, vous avez décidé de sauter le pas. Vous voulez faire de la méditation zen ! La méditation consiste-t-elle à faire ou à ne pas faire ? Difficile à dire ! En tout cas, il faut bien commencer quelque part, comme de venir dans un groupe ou dans un centre. Mais tout d'abord, réfléchissez. La méditation zen est un bouleversement. Avez-vous envie d'être bouleversé ? Cette toute première fois, serez-vous à la hauteur de votre hardiesse ? Évidemment, pour cette première, n'arrivez pas en retard ou en courant. Préférez un pantalon large qui ne vous serre pas à la taille. Soyez propre, mais évitez les parfums. Enlevez vos bijoux. Soyez naturel.

À l'entrée, laissez vos chaussures. Il ne s'agit pas simplement de se déchausser, mais de réapprendre la délicatesse dans les gestes les plus simples. Posez doucement vos chaussures, la gauche est à gauche de la droite, la droite est à droite de la gauche. Enlevez également vos chaussettes. Avec vos chaussures, laissez aussi vos idées sur le zen, vos lectures, toutes ces pages que vous tourniez encore et encore dans votre tête il y a peu, tous vos jugements sur ce qu'est le bouddhisme ou non, toutes vos attentes, même les plus belles. Oui, laissez-les à la porte d'entrée. Glissez-les une à une dans vos chaussures. Non qu'il faille négliger les idées, les pensées, bien au contraire, mais déposez-les simplement avec soin à la porte d'entrée. Vous les reprendrez tout à l'heure. C'est la bonne manière de commencer. L'esprit frais.

Alors vous pouvez entrer. Dans l'espace qui vous est proposé, vous verrez qu'il n'y a (presque) rien. Ne soyez pas désarçonné. Nous enlevons les images pour tenter de toucher la réalité nue de l'expérience. Pouvez-vous réellement vous rencontrer vous-même ? Directement, sans l'intermédiaire de quoi que ce soit.

Un espace vous est offert. Une fois passé la porte d'entrée, vous vous inclinez les mains jointes dans un geste de gratitude. Vous prenez un coussin rond pour vous asseoir dessus. Tâtez-le soigneusement : est-il suffisamment épais, suffisamment large ? Vous devez apprendre à jauger les coussins, trouver celui qui sera adapté à votre propre morphologie.

Et puis, vous vous asseyez face au mur. La méditation est une expérience totale. Elle met en jeu tout à la fois le corps, la respiration et le mental. Fondamentalement, il n'y a que trois points à retenir dans l'apprentissage de la méditation : vous devez être stable, vous devez être tonique, vous devez vous sentir à l'aise.

La stabilité est assurée par le trépied formé des jambes croisées et des fesses surélevées par le coussin. Prenez la position du lotus, du demi-lotus, ou à défaut placez simplement un pied sur le mollet opposé. Les deux genoux doivent toucher le sol avec une égale pression.

La tonicité se trouve en redressant la colonne vertébrale. Ne vous asseyez pas sur le haut mais sur le bas des fesses. À partir du trépied que forment les jambes et les fesses, redressez doucement la colonne, puis la tête, rentrez délicatement le menton et abaissez le regard devant vous sans fixer un point particulier. Si vous n'arrivez pas à croiser les jambes, vous pouvez également vous asseoir à genoux sur un coussin ou sur un banc ou même encore sur une chaise. La rectitude de la colonne est l'axe de la méditation. Elle donne sa force à la posture. Sentez comme votre corps est solidement ancré dans le sol et qu'en même temps, il se déploie avec souplesse dans l'espace. Le tonus signifie qu'il n'y a ni tension excessive, ni relâchement. Ne vous asseyez pas en tailleur. Cette position ne permet pas de maintenir longtemps la stabilité et le tonus.

Placez votre main gauche sur votre main droite, les pouces se joignant à l'horizontale. Les mains sont posées sur les pieds et contre le corps. Pensez à décoller légèrement les bras du buste.

Vous fermez la bouche et respirez par le nez. Le souffle est tranquille. Il n'a pas besoin d'être modifié. En redressant le buste, la cage thoracique n'est plus comprimée, et vous pouvez respirer librement, doucement, sans contrainte. Pensez seulement à ne pas faire de bruit avec votre respiration.

Et l'esprit ? Il existe différentes techniques et méthodes de méditation zen. Vous les apprendrez plus tard. Ne soyez pas pressé. Pour l'instant, contentez-vous simplement de voir et d'écouter. Il n'y a plus de bruit à l'extérieur mais, en vous, qu'est-ce qui apparaît ? Le silence ou bien le bruissement de l'esprit ? Essayez simplement de développer un regard panoramique, accueillez tout ce qui surgit : les pensées, les sensations ou les émotions. Ne les refusez pas. Ne les poursuivez pas. En étant fixé, ancré dans cette expérience vivante du corps.

C'est tout ? Oui. Cela semble trop simple ? Après, chacun s'aperçoit rapidement combien le corps, la respiration ou le mental peuvent être sources de confusion, de difficultés en tout genre. On n'arrive pas à croiser les jambes, on a mal, on se sent tordu, la respiration est difficile, saccadée, hachée. L'esprit va dans tous les sens, divague ou encore s'endort. Ce n'est pas comme dans les livres ! Effectivement. Mais il faut bien partir de quelque part, de ce corps, de votre corps parfois ferme, parfois chancelant ; du mental, de votre mental parfois aiguisé, parfois embrumé. Toute l'habileté va consister à métamorphoser tous les obstacles intérieurs, que votre corps, votre respiration et votre mental deviennent le creuset de l'éveil. Bien sûr, il vous faudra une aide, pour vous orienter, pour vous guider. Un apprentissage sera nécessaire. Si vous ne vous souciez pas de l'extravagance de la méditation, en bref si vous y revenez, n'hésitez pas à demander conseil : pas de vagues recommandations mais de véritables conseils pour vous inspirer, pour pénétrer profondément cet espace intérieur. Pour toucher votre propre cœur.

Il vous faut au début ressentir la stabilité intérieure, la tonicité, jusqu'à ce que vous vous sentiez à l'aise. Être à l'aise possède bien sûr une dimension physique : le corps vit totalement la méditation sans obstacle ; mais être à l'aise recèle également une dimension psychologique : c'est la confiance. Soyez confiant en vous-même.

Au fur et à mesure des méditations, les perturbations vont se calmer. Vous allez vous sentir tranquille, apaisé. Mais ce n'est pas là la fin de la méditation, ce n'est au contraire que la toute première étape. La porte d'entrée. À partir de ce calme, il vous faudra ensuite aller plus loin, faire un saut dans l'inconnu. Il existe différentes techniques pour calmer l'esprit, mais pour faire ce saut-là, vous verrez qu'il n'existe fondamentalement aucune méthode.

Trois coups de cloche marquent le début de la méditation, deux la fin. Il n'y a rien entre ces deux moments, pas un bruit, personne pour vous observer, personne pour vous parler. Telle est la manière traditionnelle du zen : seulement vous avec vous-même. Et quelque part l'inconnu.

Avant de vous installer dans l'assise droite, exercez-vous à la méthode traditionnelle d'expulser l'air des poumons : vous posez les mains sur les genoux puis, trois ou quatre fois, sans bruit, vous expirez longuement la bouche entrouverte et vous inspirez par le nez. Ensuite, vous vous balancez à gauche et à droite, sept ou huit fois, dans des mouvements de moins en moins amples jusqu'à trouver la rectitude du corps. Vous joignez les mains et vous vous inclinez. À la fin de la méditation, avant de vous relever, procédez de même, mais en sens inverse. Vous vous inclinez les mains jointes, vous vous balancez à droite et à gauche dans des mouvements de plus en plus larges, puis vous expulsez l'air, la bouche entr'ouverte, tout en inspirant par le nez. Prenez le temps de ces temps de transition. Ne vous levez pas d'un coup. Vivez le corps dans la lenteur.

Après la méditation assise, vient le temps de la méditation marchée. Prenez une attitude digne, toujours stable, tonique, à l'aise. Le corps est redressé, la tête également, le regard baissé devant soi. Le poing gauche enserre le pouce gauche, la main droite enserre le poing gauche, le pouce droit appuie à la racine du pouce gauche, et les mains sont posées délicatement contre le sternum, les avant-bras à l'horizontale. Et vous marchez au rythme de la respiration : vous avancez d'abord le pied droit et, pendant toute l'expiration, vous déportez le poids du corps sur la jambe avant, la jambe arrière restant détendue mais sans que le talon décolle du sol. À l'inspiration, le pied arrière passe devant et l'on recommence le processus en portant le poids du corps sur cette jambe avant. Le pas s'harmonise avec le souffle et l'on se contente de faire un pas après l'autre.

À la fin, le responsable de la méditation récite une dédicace : « Que ces vertus qui se répandent en tous lieux tarissent la source des souffrances et nous permettent avec tous les êtres de réaliser la voie de l'éveil. » Quiconque découvre l'inconnu, redécouvre l'autre.

Plus d'une heure s'est passée. Vous sortez. Vos chaussures n'ont pas bougé de place. Aucun mauvais génie ne les a emportées. Et vous, avez-vous changé ?

NOTES ET INDEX

Notes

1. *Jingde chuandeng lu*, T, vol. 51, n° 2076, p. 278 c-279 a.
2. *Shôbôgenzô genjôkôan*, DZZ, vol. 1, p. 7.
3. *Jingde chuandeng lu*, T, vol. 51, n° 2076, p. 288 ab.
4. *Shôbôgenzô genjôkôan*, DZZ, vol. 1, p. 7.
5. *Shôbôgenzô dôtoku*, DZZ, vol. 1, p. 301-305.
6. *Shôbôgenzô menju*, DZZ, vol. 1, p. 450.
7. *Denkôroku*, T, vol. 82, n° 2585, p. 405 a.
8. *Jingde chuandeng lu*, T, vol. 51, n° 2076, p. 263 a.
9. *Jingde chuandeng lu*, T, vol. 51, n° 2076, p. 240 c.
10. *Jingde chuandeng lu*, T, vol. 51, n° 2076, p. 254 c-255 a.
11. *Tenzo kyôkun*, T, vol. 82, n° 2584, p. 323 a.
12. Marcel Granet, *La Pensée chinoise*, nouvelle édition, Paris, Albin Michel, 1988, p. 24.
13. François Jullien, *Procès ou création. Une introduction à la pensée chinoise*, Paris, Éditions du Seuil, 1989.
14. Sur ce travail de l'écriture chinoise, on lira l'ouvrage lumineux de François Cheng, *L'Écriture poétique chinoise, suivi d'une anthologie des poèmes des T'ang*, Paris, Éditions du Seuil, 1977.
15. *Biyan lu*, T, vol. 48, n° 2003, p. 222 bc. Le corps de la loi désigne l'un des trois corps du Bouddha, sa dimension d'absolu.
16. *Jingde chuandeng lu*, T, vol. 51, n° 2076, p. 249 c-250 a.

17. *Biyan lu*, T, vol. 48, n° 2003, p. 152 c.
18. Selon la présentation classique, élaborée en Inde au début de l'ère chrétienne, le Petit Véhicule réunit les deux véhicules des auditeurs et des bouddhas-par-soi. Les premiers méditent les quatre nobles vérités enseignées par le Bouddha pour atteindre au *nirvâna*; les seconds redécouvrent par eux-mêmes les douze chaînons de coproduction conditionnée (une présentation dynamique du processus existentiel) et réalisent également le *nirvâna*. Le Petit Véhicule s'oppose au Grand Véhicule, ou Véhicule des *bodhisattva*. Ceux-ci s'exercent aux vertus, ou *pâramitâ*, qui leur permettront de réaliser l'éveil suprême, à même de délivrer tous les êtres. Ces distinctions ne recouvrent pas des écoles spécifiques mais des attitudes intérieures.
19. *Le Sûtra du Lotus, suivi du Livre des sens innombrables et du Livre de la contemplation de Sage-Universel*, traduit du chinois par Jean-Noël Robert, Paris, Fayard, 1997, p. 108. Cet ouvrage, déconcertant à plus d'un titre, mérite une lecture approfondie tant il a façonné la pensée et l'imaginaire de l'Extrême-Orient bouddhiste. La traduction française de Jean-Noël Robert est remarquable.
20. *Jingde chuandeng lu*, T, vol. 51, n° 2076, p. 413 b.
21. Parfois, certains mots sanskrits n'étaient pas traduits en chinois mais simplement translittérés, comme ce *mahâ* qui correspond au latin *magnus*.
22. *Jingde chuandeng lu*, T, vol. 51, n° 2076, p. 412 a.
23. *Yunmen chanshi guanglu*, T, vol. 47, n° 1988, p. 547 c.
24. Pierre Bertrand, *L'Intelligence du corps*, Montréal, Liber, 2004.
25. *Zhengdaoge*, T, vol. 48, n° 2014, p. 396 c.
26. *Kômyôzô zammai*, T, vol. 82, n° 2590, p. 459 b.

27. *Jingde chuandeng lu*, T, vol. 51, n° 2076, p. 338 c.

28. *Linji chanshi yulu*, T, vol. 47, n° 1985, p. 501 c-502 a.

29. Cette incise s'inspire de William James, *Essais d'empirisme radical*, Marseille, Agone, 2005. La pensée provocante du philosophe américain William James (1842-1910), enfin rééditée en français, offre des rapprochements saisissants avec la tradition de l'Éveillé.

30. Dans l'expression traditionnelle « les hommes du zen », *zennin*, « homme » est évidemment à prendre au sens générique d'être humain. Peu de femmes apparaissent néanmoins dans la littérature zen.

31. *Shôbôgenzô bukkyô*, DZZ, vol. 1, p. 407.

32. Dans son poème *Précis de méditation assise*, in *Hongzhi chanshi guanglu*, T, vol. 48, n° 2001, p. 98 b. Dôgen a donné un commentaire de ce poème dans le fascicule *Zazenshin*, *Précis de méditation assise*, de son *Shôbôgenzô*.

33. *Shôbôgenzô monge*, *Shôbôgenzô chûkai zensho*, vol. 7, p. 222.

34. *Zhaozhou chanshi guanglu*, Z, vol. 118, p. 308 a.

35. *Shôbôgenzô yuibutsu yobutsu*, DZZ, vol. 1, p. 783.

36. *Shôbôgenzô butsudô*, DZZ, vol. 1, p. 386.

37. Sur le dédoublement de soi, on lira David Le Breton, *L'Adieu au corps*, Paris, Éditions Métailié, 1999. De livre en livre, David Le Breton compose une anthropologie de l'homme moderne où la finesse des analyses est servie par la limpidité de l'écriture.

38. *Weimojie suoshuo jing*, T, vol. 14, n° 475, p. 544 b.

39. *Jingde chuandeng lu*, T, vol. 51, n° 2076, p. 362 a.

40. *Jingde chuandeng lu*, T, vol. 51, n° 2076, p. 274 b.

41. *Shôbôgenzô zuimonki*, IV.1, version du *Chôenji* publiée sous la direction de Mizuno Yaoko, Tôkyô, Chikuma Shobô, 1992, p. 235.

42. *Gakudô yôjin shû*, T, vol. 82, n° 2581, p. 3 c.

43. Fabrice Midal, *Quel bouddhisme pour l'Occident ?*, Paris, Éditions du Seuil, 2006, p. 218. Un livre nécessaire.

44. *Jingde chuandeng lu*, T, vol. 51, n° 2076, p. 311 c.

45. *Linji chanshi yulu*, T, vol. 47, n° 1985, p. 502 a.

46. *Yunmen chanshi guanglu*, T, vol. 47, n° 1988, p. 553 a.

47. Le sociologue anglais Anthony Giddens a élégamment synthétisé la signification existentielle des sentiments de confiance et de sécurité dans *Les Conséquences de la modernité*, Paris, L'Harmattan, 1994 (édition originale anglaise, *The Consequences of Modernity*, Polity Press, Cambridge, 1990).

48. *Zazen yôjinki*, T, vol. 82, n° 2586, p. 412 a.

49. *Shôbôgenzô sammai ô zammai*, DZZ, vol. 1, p. 539.

50. *Shôbôgenzô uji*, DZZ, vol. 1, p. 190.

51. *Jingde chuandeng lu*, T, vol. 51, n° 2076, p. 422 c.

52. Dôgen possède ce genre de pensée vivante. Plusieurs commentateurs modernes ont relevé des disparités et même des contradictions entre les deux parties qui forment son *Shôbôgenzô*, composé d'un premier corpus de 75 fascicules compilés par Dôgen lui-même et d'un second corpus de 12 fascicules supplémentaires restitués par Koun Ejô peu après la mort de son maître. Pour ces commentateurs, ces changements témoigneraient d'évolutions (ou d'involutions) de sa pensée puisque les fascicules ont été rédigés sur une vingtaine d'années, comme si une pensée qui se pense ne pouvait donner à lire de possibles contradictions. Or une lecture attentive de Dôgen montre comme son écriture reste volontairement éclatée, morcelée. Le *Shôbôgenzô* paraît n'avoir ni début ni fin, totalement dépourvu de logique interne. On peut le lire en progressant de page en page, mais aussi en remontant dans le sens inverse de la lecture sans que cela crée des difficultés particulières. On peut lire une

phrase, un paragraphe, un fascicule, le livre tout entier sans qu'on en apprenne plus par l'élargissement de la lecture. Dôgen chemine dans la pensée sans proposer ni même sembler vouloir chercher d'unité ou de synthèse. S'il faut bien lire tel ou tel passage de son œuvre comme des *moments* de sa pensée, ceux-ci ne se succèdent pas nécessairement à la manière d'un instant présent qui recouvre et rejette l'instant passé. Leur co-existence dit quelque chose d'une pensée vivante. Elle témoigne d'une volonté d'échapper à l'emprise d'un système qui clôturerait la pensée sur elle-même. Cf. Steven Heine, « Critical Buddhism and Dôgen's *Shôbôgenzô* : The Debate Over the 75-Fascicle and 12-Fascicle Texts », in *Pruning the Body Tree : The Storm Over Critical Buddhism,* ed. by James Hubbard & Paul L. Swanson, University of Hawai'i Press, 1997, p. 251-285.

53. *Zhaozhou chanshi guanglu*, Z, vol. 118, p. 324 b.
54. *Prajñâ pâramitâ hridaya sûtra*, T, vol. 8, n° 251.
55. *Shôbôgenzô genjôkôan*, DZZ, vol. 1, p. 7.
56. La formule, reprise dans plusieurs textes du Grand Véhicule indien, n'appelle en rien à la démission, encore moins à l'abdication de la conscience. On ne dira jamais assez comme son utilisation pervertie, avec d'autres expressions privatives, comme le « non-soi », *muga*, le « non-esprit », *mushin*, ou la « non-pensée », *munen*, pour cautionner les délires militaristes du Japon d'avant-guerre et appeler au sacrifice des sujets impériaux, ne fut rien de moins qu'une aberration. Cf. Brian Victoria, *Le Zen en guerre, 1868-1945*, Paris, Éditions du Seuil, 2001.
57. *Jingde chuandeng lu*, T, vol. 51, n° 2076, p. 312 a.
58. *Jingde chuandeng lu*, T, vol. 51, n° 2076, p. 341 c.
59. *Dari jing*, T, vol. 18, n° 848, p. 1 c.
60. *Weimojie suoshuo jing*, T, vol. 14, n° 475, p. 551 a.

61. *Weimojie suoshuo jing*, T, vol. 14, n° 475, p. 545 a.
62. *Weimojie suoshuo jing*, T, vol. 14, n° 475, p. 545 b.
63. *Weimojie suoshuo jing*, T, vol. 14, n° 475, p. 547 c.
64. David Loy, « Buddhism and Money : The Repression of Emptiness Today », *Buddhist Ethics and Modern Society*, 1991, n° 31, p. 297-312. Traduction française du passage par Éric Rommeluère. De David Loy, on lira notamment *Lack and Transcendence : The Problem of Death and Life in Psychotherapy, Existentialism, and Buddhism*, New York, Prometheus Books, 1996.
65. *Jingde chuandeng lu*, T, vol. 51, n° 2076, p. 322 c.
66. *Shôbôgenzô gyôji*, DZZ, vol. 1, p. 156-157.
67. *Jingde chuandeng lu*, T, vol. 51, n° 2076, p. 229 b.
68. *Jûundôshiki*, in *Shôbôgenzô,* sous la direction d'Etô Sokuô, Tôkyô, Iwanami shoten, 1927, vol. 1, réed. Meicho fukyûkai, 1986, p. 95-96. Ce livret, parfois considéré comme un chapitre du *Shôbôgenzô*, n'est pas retenu dans l'édition de référence d'Ôkubo Dôshû.
69. *Jingde chuandeng lu*, T, vol. 51, n° 2076, p. 221 a.
70. Cette typologie s'inspire de Michel de Certeau qui consacra le premier chapitre de *La Fable mystique I : XVIe-XVIIe siècle* (Paris, Gallimard, 1987) à la folie et à l'idiotie mystiques dans le christianisme primitif.
71. Sur Ikkyû, on lira notamment Sonja Arntzen, *Ikkyû and the Crazy Cloud Anthology*, Tôkyô, University of Tokyo Press, 1987.
72. *Jingde chuandeng lu*, T, vol. 51, n° 2076, p. 246 c.
73. *Tôsui oshô densan*, *Sôtôshû zensho*, vol. 17. Six à sept *shaku* équivaut à environ deux mètres.
74. *Jingde chuandeng lu*, T, vol. 51, n° 2076, p. 291 a.
75. Mitchiko Ishigami-Iagolnitzer, *Ryôkan moine zen*, Paris, Éditions du CNRS, 1991.

76. Iriya Yoshitaka, *Ryôkan shishû (Ryôkan : Poésies chinoises)*, Tôkyô, Kôdansha, 1994, p. 61 et 93.

77. *Linji chanshi yulu*, T, vol. 47, n° 1985, p. 496 c.

78. Z, vol. 126, p. 353 a. L'indécision de la dernière phrase, sans sujet dans l'original chinois, ne permet pas d'attribuer l'éclatement. Est-ce le vieux miroir, le miroir brillant ou les deux qui éclatent en mille morceaux ?

79. *Biyan lu*, T, vol. 48, n° 2003, p. 209 b.

80. *Jingde chuandeng lu*, T, vol. 51, n° 2076, p. 259 a.

81. *Congrong lu*, T, vol. 48, n° 2004, p. 228 b. *Kakunen*, traduit ici par « disponibilité », désigne en chinois la qualité du ciel d'être vaste, ouvert et sans obstacle. Le terme n'a pas de réel équivalent en français.

82. François Jullien, *Un sage est sans idée ou l'Autre de la philosophie*, Paris, Éditions du Seuil, 1998, p. 168.

83. *Jingde chuandeng lu*, T, vol. 51, n° 2076, p. 238 a.

84. Dans une phrase radicale, et pour couper court à toute mécompréhension, en rupture même avec la tradition zen chinoise, Dôgen forçait ses disciples à abandonner le terme de non-pensée *(munen)* : « Dire que la non-pensée est la pensée juste est une hérésie. » *Les Trente-Sept Règles auxiliaires de l'éveil*, *Sanjûshichihon bodai bumpô*, DZZ, vol. 1, p. 518.

85. Sur cet art de la lecture, on lira David Tracy, *Pluralité et ambiguïté. Herméneutique, religion, espérance*, Paris, Éditions du Cerf, 1999.

Index des expressions et des termes japonais

occupe la première place et qui peut enseigner à la place de l'abbé – p. 100.

tenzo, le chargé des sièges : le cuisinier, l'une des fonctions d'un monastère zen – p. 34.

tôkô kaiseki, cacher sa lumière et obscurcir ses traces : une maxime zen – p. 158, 160.

yôjin, employer l'esprit : la méthode, l'exercice – p. 72, 73.

zazen, la méditation assise – p. 66, 114.

zennin, les hommes du zen : les pratiquants zen, ceux qui s'exercent à la méditation – p. 17, 25, 28, 47, 63, 73, 87, 123, 124, 127, 128, 139, 155, 165, 167, 169, 211.

Index des œuvres citées

Textes indiens

Textes chinois

Textes japonais

Index des maîtres zen cités

[illegible] (jap. [illegible]) [illegible] – p. 107, 127.

Weyuan Zhiceng (jap. [illegible] Shin [illegible]) [illegible] – p. 127, 129.

Xuansha Shibei, jap. Gensha Shibi (835-908). L'un des successeurs de Xuefeng – p. 157.

Xuedou Chongxian, jap. Setchō Jūken (980-1052). L'un des successeurs de [illegible] – p. [illegible]

Yaoshan Weiyan, jap. Yakusan Igen (745-828). L'un des [illegible] de Shitou – p. 107, 125, 126, 140.

Yōkō [illegible] Senne (dates inconnues), moine sōtō japonais. L'un des disciples immédiats de Dōgen. Il compose avec Kyōgō son disciple un important corpus de commentaires du Shōbōgenzō – p. 105.

Yongming [illegible] (jap. [illegible]) [illegible] (dates inconnues), successeur de Yunmen – p. 62.

Yongjia Xuanjue, jap. Yōka Genkaku (665-713). L'un des successeurs de Dajian Huineng – p. 59.

Yōsai (1141-1215), école [illegible] japonaise – p. 1[illegible]

Yuanwu Keqin, jap. Engo Kokugon (1063-1135). L'un des plus fameux maîtres zen de l'époque Song, auteur du Biyanlu – p. 164.

Yunmen Wenyan, jap. Ummon Bun'en (864-949). L'un des successeurs de Xuefeng; fondateur de la lignée Yunmen, l'une des cinq écoles du chan classique – p. 48, 112.

Zhaozhou Congshen, jap. Jōshū Jūshin (778-897). L'un des successeurs de Nanquan – p. 72, 126.

Zh[illegible] : voir Yongjia [illegible]

Zhi[illegible] : voir W[illegible] Zh[illegible]

Zhong[illegible] (jap. [illegible]) [illegible] – p. [illegible]

Zibo Zhenke, jap. [illegible] (1543-1603). Disciple de Nan[illegible] – p. 172.

Table

RÉALISATION : P.A.O. ÉDITIONS DU SEUIL
NORMANDIE ROTO IMPRESSION S.A.S. À LONRAI (61250)
DÉPÔT LÉGAL : JANVIER 2007. N° 91356 (06-3090)
IMPRIMÉ EN FRANCE